LOS PARANOICOS
SE SALVAN

LOS PARANOICOS SE SALVAN

Consejos para afrontar la crisis
que trajo la pandemia

MARIO BORGHINO

Grijalbo

El papel utilizado para la impresión de este libro ha sido fabricado a partir de madera
procedente de bosques y plantaciones gestionadas con los más altos estándares ambientales,
garantizando una explotación de los recursos sostenible con el medio ambiente y beneficiosa para las personas.

Los paranoicos se salvan
Consejos para afrontar la crisis que trajo la pandemia

Primera edición: enero, 2021

D. R. © 2021, Mario Borghino

D. R. © 2021, derechos de edición mundiales en lengua castellana:
Penguin Random House Grupo Editorial, S. A. de C. V.
Blvd. Miguel de Cervantes Saavedra núm. 301, 1er piso,
colonia Granada, alcaldía Miguel Hidalgo, C. P. 11520,
Ciudad de México

penguinlibros.com

ISBN: 978-607-319-900-1

Impreso en México – *Printed in Mexico*

ÍNDICE

1

LOS PARANOICOS

No sólo los más inteligentes sobrevivirán, sino aquellos que
tengan la flexibilidad de adaptarse a la nueva realidad.
CHARLES DARWIN

A lo largo de mi carrera profesional les he enseñado a los ejecutivos a enfrentar los cambios y a tomar decisiones con cierto nivel de incertidumbre, teniendo en cuenta que un plan *B* siempre es necesario por si falla el original. Pero esta vez, ante la aparición del virus conocido como SARS-CoV-2, nos ha tocado vivir un cambio profundo que pocas veces ha experimentado la humanidad y la incertidumbre se ha vuelto extraordinaria.

El nivel de volatilidad es tal que decidí escribir este libro con el objetivo de compartir algunas ideas acerca de cómo controlar lo incontrolable y la incertidumbre desbordada. Hoy tenemos más preguntas que respuestas, más incógnitas que soluciones. Hoy todas las soluciones son válidas porque las variables no controlables son innumerables, pues se han roto los patrones de toma de decisiones con cierto nivel de certidumbre que solíamos tener.

Es predecible que fracases si tomas decisiones con los patrones de pensamiento del pasado, a pesar de que hayas tenido éxito con varios de ellos en su tiempo. Hoy es una garantía de fracaso usar un modelo para un entorno que ya no tiene lugar ni es sostenible, pues el paradigma cambió y ya no lo puedes encuadrar en aquello conocido y exitoso para ti.

Hace un año fui invitado a Londres por una compañía. Ahí escuche a un directivo decir que las empresas estaban viviendo en un entorno VUCA, siglas en inglés para volatilidad (*volatility*), incertidumbre (*uncertainty*), complejidad (*complexity*) y ambigüedad (*ambiguity*). Comencé a usar este concepto en mis conferencias. Actualmente, tiene que ver ya no sólo con el cambio que estaba experimentando Inglaterra con el Brexit, en su separación del resto de Europa, sino también con todas las reglas del juego de lo predecible que cambió la pandemia. Ante esta "nueva realidad" o "nueva normalidad", el nivel de preocupación es tal que resulta necesario integrar en tu negocio, en tu trabajo o en tu vida personal una actitud preventiva, casi paranoica, como el camino más aconsejable.

El nivel de certidumbre es tan bajo y las dificultades potenciales son tan evidentes, que es mejor pensar con mucha anticipación en los problemas por venir. Podrás decir que un paranoico es una persona con un trastorno mental o un trastorno de personalidad, y que aquellos que lo padecen sufren de una desconfianza generalizada. Cualquier paranoico a menudo creerá que otras personas o situaciones son sospechosas o malintencionadas. De acuerdo, aun así, creo que aquellos que no estamos enfermos y tenemos suficiente inteligencia, estabilidad emocional y cordura podemos asumir esta actitud excesivamente preventiva ante un entorno que no podemos controlar ni predecir con certeza.

De modo que te recomiendo instalarte mentalmente en un sitio de posibles amenazas que te ponga en estado de alerta. No me refiero a estados de depresión, angustia y ansiedad, sino a una anticipación racional. Las variables no controlables hoy son infinitas, pero visualizar la situación presente con esta actitud te permitirá ganar tiempo y usar tu inteligencia lógica y cuantitativa. La idea es establecer acciones preventivas como mecanismos de defensa. En caso de que el "escenario paranoico" no suceda, de cualquier forma, estarás fortalecido por la estrategia de protección que construiste. Una actitud *preventiva* también es una actitud *proactiva* para la resolución de problemas. Veamos cómo convertir esta actitud en un método para los negocios.

Inteligencia preventiva

Durante años he usado el modelo de "análisis de problemas potenciales" en mi trabajo con las empresas. Este instrumento ha sido uno de los más efectivos para evitar que los negocios se destruyan. En este momento necesitas partir de una preocupación generalizada global que nos afecta a todos por igual. Requieres tomar decisiones distintas a las cuales he llamado *disruptoras*, es decir, que cambien radicalmente las reglas del juego que estabas aplicando hasta hoy.

Debes pensar de forma anticipada en los negocios, en tu empleo y en tu vida social o familiar. Si tu inteligencia usa la paranoia en su favor, podrás analizar lógicamente los problemas potenciales. Primero describirás la amenaza a detalle y enseguida definirás acciones de protección para que esos problemas no se vuelvan realidad, y si así ocurre, que te afecten lo menos posible. Cuando piensas con mente paranoica no significa que tus ideas te lleguen a conducir hacia un desastre, sino que harás un esfuerzo por implementar una inteligencia máxima de protección e incursionarás en caminos que nunca habías considerado. Pensar de esta manera significa cuestionar el entorno de una forma tan distinta que te encauce a crear un punto de quiebre. Si tú mismo no lo produces, la situación podría arrasar con tu realidad, tu negocio, tu empleo o tu estabilidad económica. Mi lema es "Piensa mal y te irá bien".

Si hoy analizas la situación de tu negocio, tal vez llegues a la conclusión de que nacerán nuevos competidores con condiciones comerciales, costos y precios distintos que podrían sacarte de la jugada. Hoy surgirán inteligentes desempleados que no querrán integrarse de nuevo a la transitoriedad de un empleo. Surgirán competidores que jamás te hubieras imaginado. Sin embargo, el punto de inflexión que puede llevarte a una encrucijada es el enorme crecimiento de la tecnología aplicado a los factores de creación de riqueza.

Si no te apuras, otros más ágiles que tú podrán conquistar tu mercado. Estamos viviendo un momento en el cual los latidos del crecimiento tecnológico son cada día más acelerados e imparables. Te subes al tren o nunca más lo podrás tomar. La tecnología afectará también el giro de tu negocio. Por ello, pensar de forma paranoica es la solución para que las circunstancias críticas no te tomen desprevenido y sin armas para la pelea. No puedes resolver un problema evitándolo, nunca debes ignorarlo. No cabe decir "eso nunca va a suceder" o "eso es imposible".

Anticípate: cambia tu viejo modelo estratégico

Si en la actualidad siguiera usando el modelito tradicional FODA para la planeación estratégica, mis consultorías serían un fracaso, a pesar de que durante años representó una gran contribución para las empresas. Aunque algunos podrían defender su vigencia, en este momento dicho modelo no es determinante de nada. Debes dejar de pensar de forma *lineal* y pensar de forma *disruptiva*.

"*Houston, we have a problem*", dice aquella frase que se popularizó tras la célebre misión del Apolo 13. Pues bien, ésa es la circunstancia, y ahora debes crear de la nada una solución ante ese problema. Un paranoico construye amenazas que aún no existen, pero que son potenciales o viables. Debes estar en pie de guerra todo el tiempo. Debes conducir tu auto con el traje de guerra puesto, con tu escudo y casco, así debes trabajar y así debe ser tu vida personal a partir de hoy. Siempre en pie de guerra hasta que las variables no controlables puedan darte cierto grado de certidumbre o estabilidad.

No hay duda de que en el escenario global que la pandemia dejará tras su paso habrá más certidumbre cuando exista una vacuna, a partir de ese momento tendremos más control de la realidad. Mientras tanto, debes ser un experto en anticiparte a los problemas, debes ser un *paranoico*.

Si eres un empleado, tu trabajo y la forma de ganarte la vida van a cambiar. Muchos podremos ser sustituidos si la inteligencia artificial se integra más rápido de lo que creíamos a los trabajos administrativos y no sólo a los procesos de producción. "*Sálvese quien pueda*", decía acertadamente Andrés Oppenheimer en su libro del mismo título. Quizá tu puesto subsista poco tiempo más y cuando salgas del confinamiento descubrirás que ya no existe o que fuiste sustituido por una robot más guapa e inteligente. En esta época muy probablemente también surjan nuevos robots para trabajos repetitivos o de alto riesgo de contaminación.

Según la Organización Internacional del Trabajo, la pandemia trajo tan sólo entre abril y junio de 2020 la pérdida de 195 millones de empleos, lo cual rebasa por mucho lo ocurrido durante la crisis de 2009. Ante esta realidad no habrá conferencista que te convenza de que sólo la actitud mental positiva te sacará adelante. Esto siempre ayuda, pero hoy debes *anticiparte*. Hazme caso, piensa de forma racional, lógica y deductiva. Los paranoicos inteligentes siempre sobreviven porque entrenan su mente para saber cómo salir de los problemas que aún no les afectan.

Te pregunto: ¿alguna vez has tenido que ponerte la mascarilla de oxígeno en un avión? Seguramente nunca. Ese dispositivo fue creado por un diseñador paranoico. Ellos nunca esperan que las cosas sucedan para diseñar una protección. Piensan en la amenaza y se ponen a trabajar. En este momento piensa en la amenaza y lo que puede suceder con ella y usa tu inteligencia preventiva.

Siempre he dicho que aquellos que diseñan autos o aviones son la fiel replica de un paranoico. Un avión está diseñado bajo el principio de que se puede caer, y en consecuencia se diseñan mecanismos de protección. Los automóviles son diseñados por aquellos que piensan que todos pueden morir dentro de ellos. Seguramente has visto cómo enfilan un automóvil a 120 km/h, lo dirigen hacia una pared y agregan en su interior muñecos computarizados que indican cuántas personas podrían morir en un accidente. Por ello, mecanismos de prevención como los cinturones de seguridad y las bolsas de aire salvan miles de vidas cada año. Los paranoicos son gente inteligente que también pueden salvar trabajos, empresas y negocios. Espero que tú seas uno de ellos y que cuentes con un equipo que piense igual para que se salven de lo que viene después del coronavirus.

Seguramente algunos no me harán caso con su negocio, su empresa, su empleo o su estilo de vida. Son los típicos sujetos que intentarán adaptarse a la nueva realidad diciendo: "Esperemos a ver cómo se presenta la situación y decidimos". Son verdaderos suicidas. Tus viejas ideas no son un buen consejero en estos días de cambio. Mirar tu negocio, empleo o vida personal desde la perspectiva histórica tradicional representa una miopía que podrías pagar muy caro.

Tienes que pensar de forma paranoica no sólo en función de las amenazas, sino también para incursionar en nuevos productos o servicios que nunca te hubieras imaginado. Tengo un buen amigo que repara autos y camiones, pero su distintivo es que ahora no sólo repara lo que está mal, sino que hace un estudio de complicaciones potenciales para prevenir gastos alternos. También desinfecta las unidades y las entrega directamente a su cliente. Es decir, ahora él es responsable del mantenimiento anual de ese vehículo, y entregarlo en casa y desinfectado implica un valor adicional. Además, vende los productos para el propio mantenimiento y para desinfectar la unidad todos los días. En esta circunstancia, debes pensar en ofrecer servicios integrales con productos o servicios que en apariencia no forman parte de tu ramo, pero que te ayudarán a tener clientes leales por más tiempo cerca de ti.

El inconveniente de muchos comerciantes, empresarios y empleados es que están ocupados atendiendo los problemas diarios para sobrevivir y no se ocupan de su horizonte. En el horizonte es donde se instala tu mente paranoica, preventiva. Esto te permite entrever las amenazas que se aproximan hoy y que podrían sacar a tu empresa del mercado mañana. No esperes que el problema llegue, *anticípate*.

De poco te servirá hacer un análisis histórico de tu competencia. Es probable que hoy debas integrar productos y servicios distintos para atender una cartera de clientes con necesidades complementarias. Tenemos que entender que el entorno que se avecina es diez veces más agresivo que muchos otros que hemos afrontado a lo largo de nuestra carrera profesional. Si no te anticipas, pronto surgirá alguien que competirá contigo de forma distinta.

Ejemplos hay muchos: quién hubiera dicho que un negocio podría integrar una moto y asegurar la entrega de una pizza en treinta minutos y transformarse en una empresa multimillonaria global. Sólo porque compitió diferente. Domino's entró en el mercado por el ángulo del *servicio*, no por la pizza. Cuándo se hubiera imaginado la cadena de hoteles Hilton que un grupo de jóvenes crearía un negocio como Airbnb y afectaría sus ventas considerablemente. Esos hoteleros siempre fueron los empresarios que cuidaron dar lo mejor, pero nunca algo *diferente*. A los taxis tradicionales ni remotamente se les ocurrió pensar que sus competidores serían personas independientes trabajando para una empresa como Uber. También pregúntate por qué Hollywood nunca se imaginó una empresa como Netflix. No se les ocurrió porque todo el día estaban concentrados en hacer crecer su negocio como lo habían hecho durante los últimos veinte años… sin cambiar las reglas del juego. Eso es a lo que me refiero.

Ahora, la situación en que se encuentra el mercado de consumo en general, te obliga a pensar que hay "gatos en la azotea" merodeando tu mercado y tus consumidores. Que la tecnología será el determinante de tu capacidad competitiva de ahora en adelante. También debes estudiar cómo las variables económicas pueden afectar la demanda de tus productos. Desde luego, a ello súmale un consumidor sin dinero.

En la siguiente gráfica te muestro la caída de las economías de los países del G20 durante 2020:

Pronóstico de crecimiento de la economía de los países miembros del G-20 para 2020

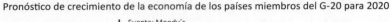

Fuente: Moody´s

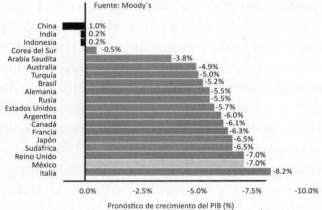

Pronóstico de crecimiento del PIB (%)

¿Preocupante? La falta de crecimiento nos orillará a pensar en situaciones tan graves como el aumento rampante de la pobreza, pero también nos exigirá pensar con anticipación y poner a trabajar la mente previsora: la mente paranoica.

Pensamiento crítico *vs.* pensamiento emocional

Cuando te digo que identifiques amenazas y que seas paranoico, te estoy invitando a que separes tu pensamiento crítico y racional del emocional.

El panorama presente induce a la gente a elevar sus emociones, pero lo emocional no es un buen consejero para resolver los problemas de tu negocio o tu situación financiera. No es bueno quedar atrapado en sentimientos que raptan tu pensamiento lógico o deductivo, pues hoy es el recurso que más necesitas.

Es momento de poner en práctica el pensamiento crítico. Pensar críticamente es tomar distancia por un momento y anticipar: situar un problema desde una perspectiva objetiva. Esto no será fácil al encontrarte inmerso en las dificultades que presentará el mercado, pero es necesario para prever los impactos más graves en tu negocio.

La razón tiene una estructura *lineal* y las emociones se comportan más bien de forma *aleatoria*. En ambos casos se procesa información, pero cuidado, pues no pertenecen al mismo modelo para administrarla. Cuando los sentimientos te invaden, tus pensamientos tienden a ser dispersos, con frecuencia no siguen un patrón ordenado, vienen a tu mente como impulsos y te bombardean. En cambio, cuando razonas hay una secuencia lógica y deductiva de la información. No confundas la lógica con la emoción al afrontar el entorno VUCA que expliqué al inicio. No es posible pensar de forma ordenada y analítica con la interferencia de una depresión o una ansiedad descontroladas. Si quieres identificar problemas potenciales y llegar a una conclusión adecuada respecto al futuro que se avecina, evita la invasión de las emociones.

En situaciones de gran ambigüedad como la que hoy estamos viviendo, la mente comienza a mezclar la razón con las emociones, y en la toma de decisiones pueden influir más los impulsos que los datos. Las emociones atrapan a la lógica y confunden el camino de la solución. En este momento resulta fundamental que tengas la mente fría para analizar qué acciones llevarás a cabo cuando salgas del confinamiento y te enfrentes a problemas aún más complejos: financieros, laborales, económicos, sociales.

No pretendo decirte que sólo tomes decisiones racionales aisladas sin tomar en cuenta tus corazonadas. A lo largo de los años he comprobado que en la toma de decisiones empresariales la intuición también puede alinearse con un nivel superior de pensamiento. A fin de cuentas, se trata de hallar un equilibrio entre la razón y la emoción, a pesar de que cualquier análisis deba sustentarse con evidencias y no sólo con puntos de vista, creencias u opiniones. Hoy no debes creer ni desear, sino saber y respaldar lo que sostienes.

2

El día después

La cuarentena global nos demostró más que nunca lo interconectados que estamos en este mundo. Ya lo decía Marshall McLuhan en los años setenta del siglo pasado: "El mundo es una aldea", y hoy lo estamos confirmando. La tecnología, las comunicaciones y los medios de transporte nos permiten desayunar en un país, comer en otro y dormir en uno distinto. Lo que ocurrió es que también hicimos de este planeta un lugar donde todos podíamos hacer lo que se nos antojara. Pero la pandemia nos ha enseñado que probablemente estábamos haciendo algo mal. El ser humano se transformó en un verdadero depredador ambiental, construyendo un mundo centrado en el consumo masivo sin límites. En relación con el SARS-CoV-2, como ha señalado el investigador David Quammen, todo pudo haber comenzado con un murciélago en una cueva, pero muy probablemente la actividad humana hizo que el virus se saliera de control. Se ha llegado incluso a aventurar que todo fue un error de manipulación en un laboratorio, un experimento que se salió de control y contaminó al mundo. Como sea, el ser humano tendrá que aprender una gran lección o estará destinado a padecer otra pandemia de mayor magnitud. Esta crisis nos dejará secuelas sociales, económicas y políticas impensadas, y sólo quedará reinventarnos para no repetir procesos devastadores.

No todos podrán sostener el alto nivel de incertidumbre personal, económica y social. El camino de la reconstrucción será necesario por medio de la unidad, la multiplicación de esfuerzos y la búsqueda del bien colectivo, a contracorriente de la cultura individualista, egocéntrica. Las empresas, el gobierno y la sociedad tendrán que actuar en un solo bloque. Los ciudadanos tendremos que entrenar nuestra mente para sobrevivir en un nuevo orden mundial.

Por lo pronto la tecnología ya ha tomado una gran delantera. Las reglas del juego cambiaron de forma radical, por ejemplo, en la convivencia social, que se digitalizó casi por completo. Las redes han representado una gran opción en el terreno de la comunicación, pero también han fomentado un caos informático que se multiplica a cada segundo. No dudo que se acelere la normalización en el uso de robots para actividades esenciales, comunitarias, de servicio, como policías, enfermeros o en manufactura. Las empresas buscarán hacer más con menos: la necesidad de reducción de costos robotizará asimismo diversos procesos de producción masiva. En este contexto, una de las preguntas más importantes que habrá que pensar es dónde ubicaremos a jóvenes bien preparados para puestos que muy pronto ya habrán desaparecido.

El precio de aprender para sobrevivir

Las lecciones que nos deja la crisis actual son muchas. Tal vez nos demos cuenta de que un científico es más importante que un deportista y una enfermera más importante que un *influencer*. Es probable que, a partir de la experiencia de algunos países como Nueva Zelanda, también se vuelva más evidente que la disciplina es clave para proteger el bien común. Como he insistido hasta ahora, al salir de este confinamiento descubriremos que sólo los paranoicos, obsesivos de la prevención, se beneficiarán con algunas ventajas que cultivaron de forma anticipada.

Con suerte, dimensionaremos lo importante que es cuidar de nuestros ancianos. Seremos más conscientes de que el modelo de vida que construimos ha hecho del ser humano un virus depredador para el planeta y no su protector. Añoraremos el apretón de manos, el abrazo efusivo, la convivencia de los viernes con amigos y las enormes fiestas de nuestros hijos en sus cumpleaños. Sabremos que logramos cosas extraordinarias cuando nos unimos y trabajamos comprometidos por una causa compartida.

En los negocios, sabremos lo despreciables que son aquellos que aprovechan este momento para subir precios y especular con la debilidad de las masas. Con toda seguridad cambiarán las prioridades y el significado del éxito, ya no sólo determinado por lo material, sino por la posibilidad de vivir plena e intensamente en el presente. La salud y el balance de la vida serán temas omniabarcantes.

Al salir, espero que hayamos comprendido que hay varias vidas que debemos proteger y mantener en equilibro: la vida física, la vida social, la vida espiritual, la vida económica y la vida familiar, siendo esta última la más difícil de recuperar si no la cuidamos. Espero que asumamos una conducta más empática que la que teníamos cuando entramos en cuarentena, por el bien de todos y por la sobrevivencia de nuestra especie como hoy la conocemos.

3

Ponte paranoico: 23 consejos para tu empresa

Quienes tengan una empresa deben anticiparse a lo que les espera con una actitud francamente paranoide, imaginando la peor situación posible: un mercado de muy baja demanda y escasa liquidez. Por ello, se hace necesario analizar varias acciones que a continuación destaco:

1. **Amenazas.** Primero te invito a que tú, y quienes formen parte de tu equipo, analicen las amenazas evidentes del entorno y las cuantifiquen. Así será posible determinar el impacto que llegarán a tener en el negocio.

2. **Vigila amenazas de productos sustitutos.** Apoyado por tu equipo, investiga otros productos que, sin ser competidores directos tuyos, podrían volverse sustitutos más baratos de los que tú ofreces.

3. **Defender y atacar.** Define qué vas a defender y qué no cederás hoy en tu negocio. Pueden ser clientes, zonas, tipos de productos, servicios o precios y condiciones. Una vez precisada tu defensa, estarás listo, al igual que el grupo de gente a tu lado, para enfrentar a un mercado prácticamente convertido en campo de batalla. Se trata de una guerra frontal, en la cual la competencia quiere tus negocios. Debes estar convencido de ello y saber qué no cederás y por qué.

4. **Productos/servicios.** Es necesario tener conciencia de que tus ventas bajarán, e igualmente la rentabilidad por unidad vendida. Al mismo tiempo tus clientes estarán muy sensibles y tratarán de lograr óptimas condiciones para ellos. Ante esto deberás diversificarte en productos más económicos y fáciles de vender. Pero también tendrás que recurrir a otros proveedores con mejores precios y mejores condiciones de pago.

5. **No ganes, mueve el dinero.** Ante un mercado contraído deberás definir una estrategia que te permita mover dinero, de lo contrario tendrás que apalancarte con el banco. Esto de ningún modo es aconsejable. Aunque no ganes, si mueves tu dinero, la recuperación de tu rentabilidad no será inmediata sino gradual: pero ocurrirá.

6. **Estrategia de cobranza.** La clave es la recuperación de tu cartera, para mantener vivo tu flujo de efectivo, a como dé lugar. Por ello es importante tener nuevas líneas de productos de bajo costo y mayor rotación.

7. **Controla óptimamente tus inventarios.** Trabaja como Amazon, con inventario *Just in time*. Debes desarrollar una estrategia integral en alianza con tus proveedores. Porque ellos, a causa de la crisis, también tendrán menos ventas y si están en un giro afectado, necesitarán flujo.

8. **Diseña ingresos de compensación variables.** Te aconsejo que fomentes ingresos variables a tus empleados, sobre todo a quienes no estén directamente conectados con ventas pero que puedan influir en el servicio.

9. **Tecnifica.** Revisa todos tus procesos e identifica cuáles pueden ser tecnificados para aumentar la eficiencia y mejorar la velocidad de respuesta. Esto tendrá un impacto directo en tu recuperación de cartera.

10. **Cuida tus pasivos.** Alíate con tus proveedores y con tus distribuidores. Debes definir una estrategia que implique una nueva

relación ganar/ganar y que las partes involucradas se beneficien. No te escondas. Negocia. Y no cometas el grave error de usar el dinero de tu proveedor en tu beneficio.

11. **Marketing digital.** Incrementa sustancialmente tu volumen de operaciones comerciales a través de ventas en línea. Esto te permitirá diversificarte en productos para dar un servicio integral. También te posibilitará atender en todo el país y a todo mercado potencial que exista para tu producto o servicio.

12. **Crea alianzas.** Así como buscaste aliarte con tus proveedores, también crea alianzas con otras empresas o comercios en zonas donde no estés bien posicionado. Pero debes establecer la alianza con negocios complementarios, con tipos de mercado similares al tuyo y que estén bien posicionados en la región.

13. **Productos complementarios.** Diversifícate. Como ya te dije, busca vender nuevos productos que complementen a los principales que ya tienes para así incrementar tu volumen de facturación por cliente.

14. **Vende de contado.** Si defines una estrategia de contado, es necesario que también desarrolles una política de descuentos para que tus distribuidores tengan mejores ingresos por venta y empujen tus productos. Podrá reducirte la venta, pero también mantendrás tu flujo de efectivo.

15. **Cuida a tus mejores clientes.** Me refiero a los clientes importantes que representen el 80/20 de tus ventas, y por esa razón tendrás que acercarte a ellos para anticipar sus necesidades y hacer negociaciones más efectivas.

16. **Importa de China.** Hoy China necesita desplazar más productos en el mundo y seguramente varias firmas que manejan tu giro estarán dispuestas a mejorar sus condiciones comerciales. Y lo que tú necesitas son productos de bajo precio.

17. **Tendrás contracción en productos de alto valor.** Si tienes productos de lujo que van dirigidos a estilos de vida de nivel alto

deberás tener un cuidado extremo. Cada vez habrá menos demanda de este tipo de productos.

18. **Crisis *management*.** Asesórate con consultores que manejen métodos de administración de crisis, no sólo para sortear ésta de hoy que nadie esperaba, sino también otras de tipo comercial, por cambios en el ámbito competitivo o pérdidas de los mejores clientes.

19. **Vende muy barato.** Tendrás un mercado muy sensible al precio y una enorme cantidad de nuevos competidores que antes no atendían a tu tipo de clientela. Intenta mover el dinero, haz muchas promociones todo el tiempo, no pretendas tener el margen de antes. Ve el éxito obtenido por tiendas como MUMUSO, ésa es la tendencia: buen producto a precio muy bajo.

20. **Investiga qué desea tu mercado.** Ya no sólo tendrás que vender los productos que te vieron nacer, sino que deberás atender lo que el mercado necesita hoy, justo en este momento.

21. **Crea un área de marketing digital.** Necesitas hacer crecer el área de marketing digital en corto tiempo para penetrar en un mercado que ahora sí está dispuesto a operar en línea. Se perdió el temor de comprar en las redes.

22. **¿Quieres aumentar tus ventas fácilmente?** Vende con descuentos y otorga mejores plazos de lo contrario te garantizo que en poco tiempo no tendrás dinero ni clientes y le deberás mucho al banco. Le quitarás oxígeno al negocio.

23. **Céntrate en los problemas de los clientes.** Si identificas problemas de tus clientes o del mercado en general te quedarás con el mercado porque tú resolverás lo que ellos padecen al cambiar tu forma de comercializar radicalmente. Céntrate en los clientes y deja que la competencia se concentre en ti. Pero al final tú te quedarás con las ventas.

Ejemplos de éxito a seguir

Para terminar estos consejos, déjame darte unos ejemplos de negocios exitosos que resolvieron muy bien los problemas y las crisis que se les presentaron, consiguiendo, además, incrementar sus ganancias:

- Uber resolvió el problema de la inseguridad en el transporte privado de taxis.
- Netflix resolvió los problemas de escasa oferta de la televisión abierta y acceso a la renta de películas.
- Airbnb resolvió los problemas de hospedaje a nivel mundial.
- Autofin resolvió el problema de crédito para comprar un auto.
- Amazon resolvió las dificultades para comprar libros, primero, y después todo tipo de artículos.
- Domino's Pizza resolvió el problema de tiempo de espera para la venta de comida a domicilio, y sólo integró motos para las entregas.
- Así, pues, en esta crisis que involucra tantos problemas, tú también resuélvelos y quédate con el nuevo mercado que se presentará próximamente.

4

12 consejos para abrir tu propio negocio

Muchos empresarios que hoy tienen sus puertas abiertas todavía no han podido medir el impacto económico que se avecina. Algunos piensan de manera positiva y suponen que el mercado se recuperará en unos cuantos meses. Pero yo no daría espacio a esa actitud optimista, aunque sea comprensible. La verdad es que si piensas así y estás equivocado, lo puedes pagar muy caro. También esto resulta válido para muchos que hoy tienen empleo: van a perderlo si el mercado no responde o crece como su empresa esperaba. Así que quienes tienen un trabajo también deben pensar paranoicamente, y desarrollar un plan *B* que minimice cualquier cambio o impacto en su estabilidad. Si ése es tu caso, hazlo cuanto antes.

Antes de que se presentara la actual crisis por pandemia yo siempre les hacía ver a aquellos que viven de un empleo la necesidad de conseguir otros dos ingresos adicionales. Ya sea que se elija comenzar con un negocio o algún tipo de inversión que proporcione ganancias adicionales. Si te encuentras en esta encrucijada, hoy ese consejo se hace un imperativo que no debes postergar. Necesitas proteger tus espaldas. Piensa mal y podrás construir un muro de contención contra una posible crisis financiera personal. No caigas en la trampa de aquéllos con mente correctiva y pensamiento positivo que, después de que ocurre el despido, comentan: "Nunca me imaginé que perdería el trabajo, nunca lo pensé". Ellos son los típicos aferrados al pensamiento correctivo: "Muerto el niño se tapa el pozo".

Todos sabemos que un empleo jamás te hará rico ni te mantendrá como tú desearías estar, sino como tu jefe o la empresa deciden y pueden tenerte. Por ello los ingresos adicionales evitan que te financies con tarjetas de crédito o con dinero que no es tuyo, el cual, además, es el más caro del mercado. Aquellos que no me hacen caso viven con seis o siete tarjetas de crédito, dizque financiándose unas con otras. Es decir, en lugar de generar más ingreso usan las tarjetas para financiar dinero que no producen con su salario. Eso es lo que ha llevado a la mayoría de estas personas a nunca abandonar su empleo por miedo. Pero el miedo es el amigo de la pobreza, y la dependencia también es prima de la pobreza, por ello pagar el mínimo de la tarjeta de crédito es prácticamente la pobreza, pues el deudor tendrá que pagar a los bancos más del 60% entre intereses, IVA, comisiones y demás.

Como te dije, el futuro se nos adelantó y la tecnología se ha transformado en el mejor recurso para crear dinero. En este momento crítico sólo saldrás adelante por tus habilidades, destrezas o talentos naturales que antes no usabas porque vivías seguro, dependiente de un solo ingreso. En realidad estabas sustentado a partir del crédito de tus tarjetas y la exigencia de estar pidiendo dinero mes tras mes por tantos años. Así has relegado tu capacidad de generar riqueza y te has conformado con la sobrevivencia.

Súbete a la nube

El entorno nos obligó, más bien nos empujó, al *home office* y muchos jamás querrán regresar al viejo modelo de trasladarse desde las cinco de la mañana para llegar temprano a trabajar y tener que sufrir el tráfico matinal y nocturno. Este hecho también está transformando tu hogar en una casa habitación donde ya no sólo vienes a dormir, además del impacto familiar que ello tiene. Te invito que cuando salgas de esta cuarentena pruebes tener desde tu casa un segundo ingreso en línea. Para ello tendrás que pensar como emprendedor y no como empleado, de lo contrario nuevamente terminarás como el hámster que corre a toda velocidad sobre la ruedita, sin avanzar en tu vida financiera ni en tu estabilidad económica. Ponte paranoico y visualiza qué tipo de negocio puedes iniciar, incluso si eres de los suertudos que conservarán el empleo que tenías.

Hay varios ejemplos de quienes pensaron rápido el tema del segundo ingreso y se arriesgaron:

1. **Discoteca en línea.** En Bogotá ya están organizando fiestas a través de Zoom por cinco dólares. Las mujeres entran gratis. En esa discoteca pueden hacer amigos y quedan conectados por WhatsApp. Ya han atraído a jóvenes de varias partes del mundo. Y se están asociando con una empresa que vende snacks. Se trata de una sencilla discoteca que rompió fronteras.

2. **Frutas y verduras orgánicas.** En Uruguay cada vez hay más gente que busca comida sana y natural, y en este entorno dos jóvenes mujeres comenzaron vendiendo entre sus vecinos hasta que integraron publicidad en línea. Durante la pandemia cerraron sus puertas y en línea reciben los pedidos y entregan a domicilio. Como tienen conexiones con agricultores también están comenzando a surtir a pequeñas tiendas de productos orgánicos.

3. **Lecciones de karate en línea.** Un joven venezolano, bicampeón mundial de esta especialidad tan popular, ahora tiene una escuela en línea, donde además integró otras artes marciales. Ya tiene alumnos en todo el mundo.

4. **Cubrebocas de tela con cobre.** Una joven chilena produce textiles con propiedades antibacterianas, al integrar en el tejido cobre con nanotecnología. El cobre es antimicrobiano. Sus

ventas han crecido a más de 60 mil unidades vendidas. Un verdadero éxito en muy poco tiempo.

5. **Venta de pan congelado.** Un joven argentino que se quedó sin empleo se puso a pensar en resolver los problemas de los consumidores: se le ocurrió crear una panadería de productos congelados, la cual vende en línea y entrega a domicilio. Una idea genial ya que te comes el pan como recién sacado del horno. Y además, te llega a tu casa. De inmediato obtuvo un éxito extraordinario.

6. **Restaurante a puerta cerrada.** En Estados Unidos varios grupos de chefs están iniciando una nueva modalidad para la comida de restaurante de varias especialidades. En edificios que no dan a la calle hacen su comida y la venden, con entregas básicamente a través de Uber Eats. Ésta es ya una alternativa para la mayoría de los restauranteros que enfrentarán problemas para sobrevivir con menos mesas, pocos clientes y rentas por las nubes.

Ahora voy a enumerarte otros giros en los que puedes incursionar, sobre todo si buscas un segundo ingreso a través de las redes:

1. **Desinfecciones.** Cuando ya se hayan regularizado todos nuestros trabajos en fábricas, oficinas, restaurantes, y también en cualquier lugar público, van a requerirse equipos de desinfección. La ventaja es que de aquí en adelante se tratará de un negocio permanente. Habrá quienes desinfecten casas, autos, autobuses, camiones de pasajeros, etc. Las opciones son múltiples. Y si entras a un negocio así, están las redes para promoverte.

2. **Revende productos antisépticos.** Si tienes habilidad para la reventa, en este momento puedes enfocarte en comprar productos de esta línea que se ha vuelto de primera necesidad;

puedes adquirirlos directamente con los fabricantes para distribuirlos a tiendas o instituciones como escuelas, universidades, grandes superficies, etc. Y claro, tienes las redes para darte a conocer y levantar pedidos.

3. *Coaching* **para apoyos psicológicos.** Hoy la pandemia ha provocado trastornos emocionales muy severos en una buena cantidad de personas. Esta gente necesita un guía, un *coach*, que los apoye para sobrellevar sus ansiedades y, eventualmente, superarlas. Puedes hacer *coaching* en línea. Los psicólogos y terapeutas tienen una enorme oportunidad de dar *coaching* a las grandes empresas y a sus miles de empleados. Y en este negocio pueden conseguirse ingresos regulares, con periodicidad.

4. **Acondicionamiento físico.** La pasividad del encierro tiende a crear depresión. La inmovilidad física afecta a nuestro sistema nervioso central y nos deprime, a tal grado de que quienes han llegado a esta condición pueden perder el sentido de la vida, cayendo en el insomnio y la angustia. Ante este riesgo, resulta necesario que las empresas comiencen a apoyar a sus empleados: los cursos en línea serán clave, las clases individuales en línea también tienen posibilidades. Puedes tener tu segundo ingreso siendo contratado por empresas, oficinas, instituciones, hogares, escuelas, etc.

5. **Desarrollo personal y espiritual.** Todos los cursos que atiendan estrés, ansiedad, depresión, soledad, miedos, angustias, son bienvenidos en esta etapa social. Miles de personas necesitan apoyo. Y todas éstas son posibilidades para desarrollar y ofrecer en línea.

6. **Consejeros matrimoniales.** Los conflictos intrafamiliares se han multiplicado con el confinamiento, a tal grado de que muchas parejas y familias enteras necesitan expertos en ayudarlos a manejar las nuevas situaciones dentro del hogar. El impacto

se ha dado en todos los miembros de la familia, así que los consejeros que manejen tratamientos para padres e hijos tienen en este campo una gran oportunidad. Es un negocio con el que fácilmente puedes ofrecer apoyo de forma individual y en grupo, para que las familias puedan estabilizar la situación.

7. **Servicios profesionales.** Abogados, médicos, contadores y *coachers* en varios campos son servicios que estos profesionistas pueden brindar en línea y desde casa.

8. **Reparaciones de tu hogar.** En Argentina, una señora, cuyo marido fue despedido, abrió un portal que llamó: "Rento marido". Y lo que ofrecía era cualquier tipo de reparación en el hogar. Tuvo gran éxito, principalmente por el nombre tan sugestivo.

9. **Diseñador de *software*, servicios de productos digitales.** Ahora encontraremos a muchos jóvenes genios capaces de desarrollar aplicaciones para pequeños negocios y para nuevos emprendedores, como tú, que inicias algún negocio desde tu casa. Hay, pues, posibilidades de usar los servicios de estos nuevos especialistas digitales.

10. **Educación virtual.** La educación remota es una realidad, que de hecho se ha generalizado a partir de la pandemia. Maestros, profesionistas y especialistas en varias áreas pueden proponer sus capacidades pedagógicas en línea para escuelas, universidades o cualquier tipo de escuelas, incluidas las manualidades.

11. **Negocios de mercadeo en redes.** Los negocios de marketing en internet siguen creciendo a pasos agigantados a pesar de la imagen que algunos crearon en el pasado. Hoy ese mercado, según expertos, vale en el mundo 189 mil millones de dólares. Y ahora todos lo tenemos claro: es posible vender en línea y desde tu casa. La ventaja de estas empresas es que tienes ingreso permanente. Pero debes ser inteligente al seleccionar

la empresa con el mejor producto para este momento, así podrás hacer dinero rápido.

12. **Tutoría en línea.** Desde ahora tú debes ayudar a tus hijos en sus estudios para que aprendan todo en una computadora, además les puedes dar apoyo psicológico a través de esta vía electrónica.

5

Los tipos de negocios que tendrán más éxito y la transformación del consumo

A continuación, te enumero en orden de importancia para los consumidores los negocios en línea que tienen más éxito en todo el mundo. Como verás, el primero está relacionado con la salud, el segundo se refiere a cómo hacer dinero y el tercero a las relaciones interpersonales y de pareja. No por casualidad los abuelos decían: salud, dinero y amor es todo en la vida.

También aconsejo que pongas atención a Emprendedores, Educación y Mascotas, porque ellos son los que últimamente están creciendo a mayor velocidad, pues si bien aún no figuran entre los primeros lugares, sí están generando un incremento notable.

1. **Salud.** Comer por salud y no por sabor, medicina alternativa, ejercicio físico.
2. **Dinero.** Cómo crear riqueza, educación financiera, dónde invertir.
3. **Relaciones.** Relación de pareja, relaciones interpersonales, socializaciones.
4. **Entretenimiento digital.** Videojuegos, películas, ebooks, cursos en línea.
5. **Desarrollo personal.** Terapias, meditación, yoga, desarrollo espiritual.

6. **Tecnología.** Páginas web, plataformas, aplicaciones, redes sociales.

7. **Restaurantes en línea.** Comer de manera más económica y saludable.

8. **Emprendedores.** Cómo abrir tu negocio, cómo vender, redes de mercadeo.

9. **Educación.** Para niños, adolescentes, adultos, regularización, idiomas, arte.

Ganadores y perdedores

Algunos ganarán, otros perderán y unos más se reinventarán. Hay evidencias suficientes para arriesgarnos y mostrarte una lista de los giros más afectados y los más beneficiados en esta situación crítica que vivimos. Esto significa que debes estar en estado de alerta, en continua precaución y seguir pensando qué cambios adicionales pueden ocurrir en la dinámica económica y empresarial, esperando así que no te afecten en los próximos meses.

PERDEDORES	GANADORES
Turismo	Salud
Aerolíneas	Alimentos
Navieras	Farmacias
Automotriz	Tecnología de internet
Construcción	Telecomunicaciones
Bares / antros	Servicio médico
Gimnasios	Agricultura
Servicios financieros	Negocios en redes
Artículos de lujo	Fabricantes de productos sanitarios
Compraventa de inmuebles	Desinfectantes

Otros ganadores y perdedores que debes considerar serán los proveedores en estas áreas de negocio, quienes también se verán impactados en su desempeño, positivo o negativo, según sea el caso. También deberás monitorear la conducta de consumo de los clientes para considerar cuáles pueden beneficiarte.

La transformación del consumidor

El mundo cambiará de tal forma que, sin lugar a duda, consumiremos de manera distinta a lo que estábamos acostumbrados, pues se reinventarán las nuevas necesidades del consumidor condicionadas por el distanciamiento social. La tecnología será el centro de las próximas negociaciones y del acercamiento al consumidor.

Las empresas tendrán que garantizar la salud de sus empleados, socios y proveedores. Cambiará la forma en que competirán las empresas. El problema es que lo tendrán que hacer muy rápido, ya que todas están inmersas en la misma situación de sobrevivencia. Muchos que se resisten viven con la ilusión de mantener su negocio anterior haciendo sólo adaptaciones, en la medida que el entorno se lo vaya pidiendo; pero están muy equivocados, llegarán tarde a la nueva etapa del consumidor.

Otros querrán hacer el mismo trabajo que hacían antes en su empresa, con la variación del *home office*, parcial o total. Ése es otro error de cálculo y de definición del problema potencial que se avecina en los negocios. No hay duda de que el trabajo en casa llegó para quedarse. Sólo basta ver que en China nueve de cada diez empleos son de *home office*, es decir, no hay ninguna novedad en ello. Pero es sólo un elemento de tantas variables a las cuales debes anticiparte y pensar de forma preventiva, actuando antes de que te des de frente con el problema del mercado.

Algunos cambios en los hábitos de consumo

- **La salud** será más importante que el dinero. Seguramente habrá una conducta positiva hacia la buena alimentación.
- **La alimentación** tenderá a buscar productos frescos y orgánicos.
- **Los trabajos** se harán en casa y será común tener *home office*. La tendencia apunta hacia empleos en línea, con contratos temporales e ingresos adicionales.
- **Los jóvenes tecnócratas** tendrán trabajos temporales por proyecto.
- **Los servicios profesionales** se proporcionarán preferentemente en línea.
- **La tecnología** será la punta de lanza y se usará para todo: conferencias, educación, comercialización de productos, publicidad, promoción, etc.
- **El manejo del dinero** estará enfocado en reducir los gastos de consumo. Todos serán más cautelosos en sus gastos y se estimulará el ahorro y las inversiones.
- **Los compradores** serán muy sensibles al factor precio.
- **En el hogar** invertiremos más tiempo que en oficinas.
- **Los viajes** cambiarán sensiblemente: la mayor parte de la gente no hará vacaciones fuera de su país, y con ello se incrementará el turismo nacional.
- **El consumo** habrá de adaptarse a un mercado que siempre buscará los precios más bajos.
- **Los suplementos alimenticios** se consumirán en gran medida, como por ejemplo los complementos vitamínicos o los producidos por las medicinas alternativas.
- **Las nuevas *start up*** crecerán con especialistas en soluciones tecnológicas, puntuales e integrales.
- **Los competidores** se multiplicarán masivamente y en redes.

- **Los clientes** serán globales, sin fronteras.
- **La mano de obra calificada** se ofrecerá a bajo precio.
- **Las salidas** disminuirán considerablemente y la mayoría de la gente evitará comer fuera. También la asistencia a las salas de cine y a los centros comerciales se verá muy afectada.
- **Las finanzas y los gastos diarios** seguramente tendrán una reducción sustancial, suprimiéndose en gran medida el gasto superfluo e incluso el gasto diario.
- **Los libros, los cursos, los audios y la educación** se realizarán básicamente en línea, elevándose su compra por este tipo de comercialización.
- **Ya no será extraño dejar de asistir a un centro comercial** pues se habrá convertido en uno de los pocos negocios que no resultarán atractivos para consumir debido a la movilidad que implica y a las riesgosas aglomeraciones que provoca: muchos consumidores ya no necesitarán ir porque todo lo pueden comprar en Amazon, Alibaba, Mercado Libre y demás proveedores en línea.

6

Encuesta a empresarios

Una encuesta realizada por la Cámara de Comercio del norte del país nos indica las necesidades que ha creado la situación que se vive en las pequeñas y medianas empresas. En seis gráficas, que se reproducen a continuación, se reflejan las respuestas de algunos empresarios sobre la situación actual y el entorno en que están viviendo. Aunque consideres que éste no es tu caso ni tu perfil, te proporcionará un panorama general y la posibilidad de estar al tanto de esta realidad. Elaborar gráficas de tu negocio te permitirá anticiparte si eres realista y paranoico, y podrás crear un escudo protector contra el impacto del mercado. No digo que dejes de pensar positivamente, pero la verdadera protección está en tu mente preventiva, ya que ésta se concentra en la solución y a su vez en nuevos caminos alternos.

Es necesario que contemples todos los escenarios posibles porque el problema potencial existe, aunque tu realidad parezca que es diferente por tu tipo de negocio. La idea es que tengas gráficas de todo tipo de información concisa para que visualmente sea fácil de comprender para todos tus colaboradores. Anticiparte al futuro inmediato con estadísticas será entonces la clave para que comerciantes y empresas pequeñas y medianas puedan tomar medidas preventivas.

¿Cuál es el giro de tu empresa?
54 respuestas

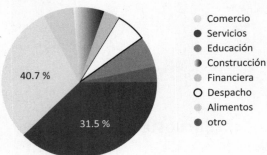

- Comercio
- Servicios
- Educación
- Construcción
- Financiera
- Despacho
- Alimentos
- otro

40.7 %

31.5 %

¿Cuales son las necesidades que enfrenta tu empresa?
54 respuestas

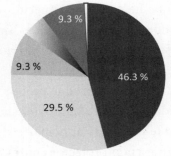

- Falta de flujo
- Adeudos
- Necesidades de créditos
- Pago de nómina
- Pérdida de clientes
- Problemas legales

9.3 %

9.3 %

29.5 %

46.3 %

¿Cantidad de empleados en tu empresa?
54 respuestas

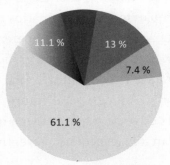

- 0 - 10
- 11 - 20
- 21 - 50
- 51 - 100
- Más de 100

11.1 %

13 %

7.4 %

61.1 %

¿Qué tan probable es que tengas que cerrar permanentemente tu empresa debido a la posible crisis económica?
54 respuestas

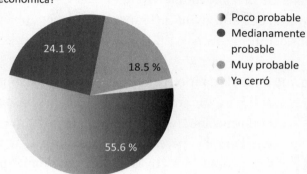

- Poco probable
- Medianamente probable
- Muy probable
- Ya cerró

¿Cuáles son las principales inquietudes de tus empleados?
54 respuestas

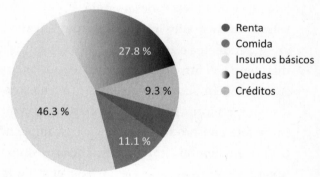

- Renta
- Comida
- Insumos básicos
- Deudas
- Créditos

¿Agergaste o modificaste tus servicios para continuar operando?
54 respuestas

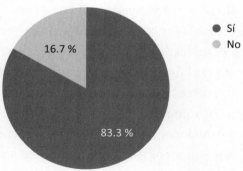

- Sí
- No

Los paranoicos y estrategas piensan siempre en tres escenarios posibles de la realidad que viven, lo cual es útil en situaciones de la magnitud que hoy vivimos. Te invito a que tú también los comiences a considerar:

1. **El peor escenario.** Te permite visualizar el impacto menos deseable para tu estabilidad. Requiere una búsqueda exhaustiva de información, incluso de un panorama que aún no se presenta. Para ello necesitarás plantearte escenarios imaginarios y las acciones correctivas que deberías tomar para que no tengas que cerrar el negocio. Necesitas saber si continuarás con los mismos productos o les darás un giro hacia el mercado de crecimiento que estés observando.

2. **Escenario de medio impacto.** Es muy engañoso dado que hay áreas, productos o zonas en los que no tendrás muchos problemas, pero hay otros de los que hasta podrías considerar salirte. Aquí también surgen problemas que antes no tenías, ya que los competidores tienden a diversificarse y quitarte parte de tu cartera con productos o servicios complementarios. Inevitablemente tendrás impactos financieros si no tomas medidas urgentes para contrarrestar la reducción de la demanda o el incremento de nuevos competidores peleando por precios. Menciono esto porque hay muchos empresarios que se quedan esperando a que el mercado cambie; y generalmente lo hace pero no en su favor, y ya no hay forma de recuperarse puesto que hoy el mercado se caracteriza por tener poco flujo y los consumidores buscarán el mejor precio todo el tiempo.

3. **El mejor escenario.** Es el que todos deseamos tener, pues presenta un bajo impacto. Es posible alcanzarlo si perteneces a los giros ganadores de este entorno, que mencioné en el capítulo 5. Sin embargo, los pequeños y medianos comerciantes y los empresarios tienen la ventaja de poder realizar cambios

más rápido que las corporaciones de gran estructura y complejidad de operación.

Bill Gates, Steve Jobs, Jeff Bezos y Elon Musk: paranoicos por excelencia

Los empresarios paranoicos diseñan escenarios al analizar su entorno. Evitan tomar decisiones reactivas. Los reactivos toman decisiones de inmediato sin considerar a fondo las consecuencias. Los paranoicos toman decisiones contingentes mientras continúan haciendo mayores cambios. Estos últimos saben que hay decisiones superiores que aún no han descubierto. Por ello son fanáticos de la búsqueda de información y caminos alternos, nuevos productos y nuevas estrategias.

En su biografía, Bill Gates demostró ser un paranoico por excelencia. "Soy el competidor más duro que tengo en mi empresa. Vivo cambiando todo lo que funciona bien y lo mejoro. No me concentro sólo en lo que no funciona, ya que nunca terminaría y me desviaría de mi objetivo que es ser el número uno", explica. Su estilo paranoico lo lleva a destruir lo que hace bien y lo evoluciona, ya que su principio estratégico y paranoico es que mientras más evolucione, mayor será el esfuerzo de sus competidores para acercársele. Enfatiza diciendo: "Si yo no lo hago, seguramente lo hará un competidor directo tarde o temprano". No es casualidad que Windows esté en la versión 10 de su sistema operativo; y así continuará evolucionando el mejor producto que tiene. Así como él lo hace, te invito a que integres en tu mente la paranoia de la reinvención, aun si hoy tienes mucho éxito.

En el caso de Steve Jobs, sin duda su paranoia por la perfección, diseño y anticiparse a cualquier competidor fue su forma de competir y triunfar en un terreno desconocido. Hizo del diseño su camino fundamental para el éxito. Anticiparse a las necesidades del mercado era su obsesión, la cual lo llevó a descubrir soluciones a problemas que ni siquiera los mismos consumidores se hubieran cuestionado. Nadie se había imaginado una tablet hasta que Steve Jobs vio el potencial de este producto, que ofreció una practicidad que ningún consumidor hubiera pensado jamás.

Jeff Bezos fue un genio paranoico en interpretar los problemas que sufríamos los consumidores al comprar un libro. Descifró los pasos que da un comprador cuando entraba a una librería y los integró en un algoritmo de compra, y así de fácil fue su camino para convertirse en el empresario más rico del mundo. Los problemas de un cliente en una librería eran decidir qué buen libro comprar, saber qué novedades había, cuántos libros sobre un tema en específico tenían y dónde podía encontrarlos. La habilidad de Jeff Bezos de anticiparse a los problemas que vivía un comprador de libros en 1999 fue de tal impacto que destruyó las cadenas de librerías que habían existido por 100 años. Aun hoy que ya integró un negocio de *e-commerce* de una dimensión inimaginable continúa reinventándose para resolver los problemas de los consumidores.

Otro ejemplo de éxito es el caso de Elon Musk, uno de los grandes genios creadores posteriores a Steve Jobs que el mundo nos ha dejado. Ha producido innovaciones que jamás nos hubiéramos imaginado, siempre anticipándose a lo que existe en la actualidad, como la creación de un dispositivo para incrementar tu capacidad de inteligencia y velocidad de respuesta a los problemas. Fundador de Tesla Motors, es el primer empresario asociado con la NASA para enviar astronautas a la base espacial. Musk considera que la solución del mundo es que poblemos otro planeta, por eso su intención es llevar a 100 personas a Marte. Un verdadero genio de la solución anticipada a los problemas.

Así como en estos casos, si tú te anticipas a un problema y lo resuelves, te quedarás con los clientes. Debes considerar esto ahora que te tienes que reinventar para crecer en esta nueva era. Céntrate en la mente y los problemas de tus clientes y triunfarás; deja que tus competidores se preocupen por ti y finalmente te quedarás con el mercado en un entorno tan incierto como hoy.

Starbucks también cambiará

Ante esta pandemia, Starbucks está haciendo un cambio estratégico profundo en su negocio. Su presidente, Kevin Johnson, ha decidido cerrar las puertas de 400 tiendas en Estados Unidos en los próximos 18 meses. Regularmente cierran un promedio de 100 cada año por distintas razones, pero esta vez se debe a su nuevo modelo estratégico, el cual implica un concepto de tienda distinto al que le llaman "Starbucks To Go".

Esta modalidad se adapta a los clientes que prefieren ordenar y pagar en línea y pasar a recoger su pedido. También contarán con la modalidad de envío por Uber Eats. Consideran que dicho formato será muy bienvenido en las grandes ciudades. Esta idea surgió porque identificaron que antes de la pandemia 80% de las personas compraba a través de su *drive in*. Esto es posible porque la empresa ya tiene una conexión emocional con sus consumidores y no tendrá problemas con su nueva estrategia.

Como ves, ante la pandemia los paranoicos no pierden el tiempo en pensar qué pasará más adelante o qué harán los gobiernos; al contrario, mediante la tecnología se conectan rápidamente con el consumidor, con quien ya no pueden tener el mismo acercamiento.

En México el Grupo Alsea, operador de las cafeterías Starbucks, publicó que llegó a un acuerdo con los bancos para suspender por un año los compromisos contraídos para así tener oportunidad de recuperarse de las condiciones derivadas del impacto de la pandemia en su negocio. Además, esta extraordinaria empresa tendrá la posibilidad de abrir más líneas de crédito para financiar el crecimiento que esperan tener en un futuro próximo.

Empresas de este tipo, como buenos e inteligentes estrategas, piensan en forma anticipada y emprenden acciones derivadas del escenario que proyectan tener. De esta manera es como tú también debes comenzar a pensar. Crea escenarios para salir adelante con los problemas y los posibles efectos en tu negocio, en tu vida o en tu trabajo.

Qué puedes aprender de estos grandes líderes

Si tú tienes un negocio y por algún tiempo estuviste pensando en hacer cambios que no aplicaste, hoy es el momento de integrarlos en esta nueva realidad. Desde hace años muchas empresas ya hablaban de *home office* como una opción, hoy es un imperativo. Así, debes presionar a tu mente a realizar cambios imperativos. No esperes, actúa ya.

Esta nueva realidad puede darte una visión diferente de las cosas y el empuje para ponerla en acción. Si la pandemia te tomó por sorpresa, es momento de que comiences a hacerte preguntas paranoicas para anticiparte y crecer:

- ¿Qué cambios han tenido el mercado y los consumidores en los últimos años que podrían ser hoy una oportunidad para modificar parte de mi negocio o integrar nuevos productos?
- ¿Qué fue lo que nunca les ofrecí a mis clientes que hoy podría ser una buena oportunidad, ya sea por ser nuevos productos o por ser nuevas formas de conectar con mi mercado?
- ¿Qué podría cambiar para dar un servicio integral a mis clientes que les permita tener mayor preferencia por nosotros?
- ¿Qué no hacemos hoy que nos permitiría que los clientes compraran más?
- ¿Qué podemos hacer de distinto para diferenciarnos del resto del mercado?
- ¿Qué podemos hacer para ser únicos, distintos y diferentes ante el mercado?

- ¿Cómo anticiparnos a los problemas que sabemos que tendremos que enfrentar en el futuro?

Hacer algunos de los cambios puede llevarte tiempo y además será un gran sacrificio, pero necesario y de enorme beneficio para tu futuro. Recuerda que para tener éxito la clave son las decisiones que hoy tomes, no esperes.

Megatendencias creadas por la pandemia

1. **Reinvéntate todo el tiempo.** La transitoriedad de tus decisiones será característica del nuevo futuro al que vamos a enfrentarnos, ya que todos estaremos en etapa de ajustes.

2. **Salud preventiva.** La salud será prioridad en las empresas y surgirán nuevos negocios a los que les llamarán *e-health*. Será un nivel de exigencia que impondrán las autoridades y los empleados a su empresa.

3. **El trabajo ya no será un lugar fijo.** Espero que este tema ya haya quedado claro a esta altura de la reflexión que hemos hecho. El internet y el *home office* serán un cambio radical en la forma de trabajar para una empresa.

4. **Inteligencia artificial.** Será crucial para la creación de los nuevos robots que ayudarán en todas las áreas donde haya aglomeraciones o se tenga que atender a mucha gente al mismo tiempo.

5. **Como yo quiero. Personalización.** Te enfrentarás a una enorme oferta de productos y servicios de empresas que buscarán velocidad de rotación de sus inventarios y harán lo posible por personalizar el producto o servicio al nuevo consumidor saturado de opciones.

6. **El consumidor controla.** La sobreoferta hará que los clientes tengan control de la actividad comercial y los proveedores

tendrán que adaptarse a la nueva modalidad de compra en línea y de condiciones de pago, que se irá desarrollando con la tecnología a su disposición.

7. **Marketing masivo.** El internet habrá derrumbado fronteras de regiones, de países y de clientes. Será sin lugar a dudas la oportunidad de contactar a todos los clientes posibles que haya, mínimo en tu país, pero la tendencia será globalizar la comercialización de todos los productos.

8. *Big/small data,* **índice de salud.** Como la salud será la prioridad, los países ahora no sólo se definirán de acuerdo con su capacidad de producción, sino también con la capacidad de tener servicios de salud necesarios. Es decir, los países se medirán por el nivel de salud de su población y no sólo por valores económicos financieros.

9. **Nuevo consumidor fragmentado.** Como el internet hará que el mercado se globalice, una de las características será que también se fragmenten los tipos de consumidores de acuerdo con regiones, lo que llaman *tribus de compradores,* que adoran o prefieren un tipo de producto sobre otros. El mercado sin duda se fragmentará por grupos y tendencias.

10. **Líderes virtuales.** El liderazgo en las empresas será muy distinto, ya que los nuevos líderes virtuales manejarán grupos a distancia, no sólo en la misma ciudad sino también en diversos países. Esa habilidad que antes no era necesaria ahora será primordial. Los líderes tendrán que aprender a motivar, a distribuir las responsabilidades y a trabajar en equipo a distancia, lo cual no será fácil de aplicar. Pero los departamentos de recursos humanos tendrán una responsabilidad clave en desarrollar estas destrezas en los líderes de su empresa.

Cambios psicológicos a causa del encierro y consejos a seguir

1. **Mayor comunicación familiar.** Puede haber mayor solidaridad grupal, aunque también se acrecentaron los conflictos interpersonales.
2. **Desarrollo de preocupación.** Se encuentra ligada con procesos de ansiedad; se disparan trastornos de ansiedad, angustias, fobias y obsesiones.
3. **Miedos.** ¿Es probable que nos contagiemos? Es la gran pregunta que muchos nos hacemos. Es posible, y la probabilidad depende del tipo de vida que llevemos. Cincuenta por ciento de la población tiene miedo a enfermarse.
4. **Regular nuestros recursos psicológicos.** No sabemos cuánto va a durar esta situación, por lo cual tenemos que regular nuestros pensamientos para evitar desgastarnos emocionalmente. Podemos ir agotándonos día con día.
5. **Pensamientos negativos.** Las personas ansiosas se preocupan de más porque buscan problemas donde no los hay.
6. **Sobreinformación.** Debemos tener objetivos diarios que hacer. Como dice el doctor Edward T. Creagan, especialista de la Clínica Mayo, ante la gran cantidad de información que recibimos por los medios tradicionales (radio y TV), las redes sociales, el celular, el correo electrónico, etc., es necesario reconocer que tenemos un ancho de banda limitado en nuestro cerebro, así como una capacidad limitada en nuestro disco duro mental y emocional. La saturación distorsiona los mensajes y puede impedir que prestemos la debida atención a nuestras prioridades. De modo que es fundamental practicar una escucha selectiva y concentrarnos en un cierto número de tareas a la vez, desde que las comenzamos hasta que las concluimos.

Qué sucederá con la economía del mundo según expertos

La economía mundial no había sufrido un impacto de tal magnitud desde la recesión de los años treinta. La nueva economía global no regresará nunca más a los viejos tiempos. Pensar así es sólo un deseo o una ilusión, más que un pensamiento racional basado en la realidad. Los expertos responden a las siguientes preguntas:

1) ¿Las medidas restrictivas de los diferentes países han sido efectivas?
Los países que han elegido el encierro han tenido un impacto económico drástico. Pero los países que no lo hicieron, como Suecia, también tuvieron una baja sustancial en su economía. La razón es que las personas redujeron sus gastos significativamente por precaución ante la incertidumbre. Uno de los aspectos que más ha influido en la dinámica económica y social ha sido cómo sus ciudadanos opinan acerca de cuán bien sus gobernantes aplicaron las políticas y acciones contra la pandemia.

Otros países también tienen en su contra la opinión de su población sobre las decisiones de gobernantes en torno a este tema; tal es el caso de Inglaterra, donde sus habitantes consideraron que las acciones de sus gobernantes para atacar la pandemia fueron tardías. Es evidente que aquellos que se anticiparon tuvieron resultados significativamente menores que los que actuaron de manera tardía, y los pueblos han tenido que pagar por esa falta de prevención y anticipación.

Este punto es exactamente lo que he intentado ejemplificar en todo el libro: que los paranoicos se anticipan y actúan preventivamente antes de que las cosas sucedan. Eso es lo que quiero que incorpores en tu mente para resolver tus problemas potenciales, ya sean de trabajo, de tu empresa o de tu economía personal.

2) ¿Cómo la recesión económica puede cambiar el poder en el mundo?
En crisis anteriores, Estados Unidos siempre había actuado como el centro de las grandes decisiones y había sido el modelo a seguir, pero en ésta no ha sido así. Cada país ha tenido que reaccionar de forma independiente ante la pandemia y ha tomado sus propias decisiones, ya que Estados Unidos no creó un modelo a seguir. Al contrario, muchos creen que ellos mismos reaccionaron tardíamente ante la pandemia y han pagado un precio muy alto. Lo que resulta claro es que cada país ha respondido diferente según su economía y su sistema de salud.

3) ¿China podría transformarse en el centro económico más influyente del mundo después de esta pandemia?
No hay duda de que Estados Unidos continúa siendo el país más fuerte del mundo, todos los países se relacionan a través del dólar y no con otra moneda, por ejemplo; el mundo financiero y los bancos centrales también se manejan mediante el dólar. El tema es que indudablemente ha habido un intento por aprovechar este momento por países como China y Rusia, pero no han provocado un cambio radical que haga pensar que podrían ser el nuevo poder económico con su moneda. Aunque en los últimos años China ha hecho lo imposible para influir en este aspecto a través de la tecnología, eso no significa que tengan el dominio económico, pues los bancos centrales siguen usando la moneda estadounidense.

En el pasado la libra era la moneda prominente, pero transcurrieron muchos años antes de que el dólar se convirtiera en la divisa que domina el mundo. Eso mismo sucederá con China, tomará muchos años antes de que el mundo acepte otro tipo de moneda para comercializar. Es un proceso lento. Hay mucho en juego. Sin embargo, China ha usado la palanca de la tecnología en los últimos años para acelerar este proceso.

4) ¿Qué países se verán más afectados por la pandemia?

No hay duda de que los países en vías de desarrollo serán los más afectados, así como aquellos que tienen un sistema de salud débil. También debemos considerar que las economías que se basan en el turismo se verán perjudicadas de igual manera, ya que tomará uno o dos años que los turistas viajen por placer como antes lo hacían, hasta que se desarrolle la vacuna contra el covid-19.

5) ¿Qué impacto tendrá la pandemia en aquellos que se graduaron de la universidad en 2020?

En cuanto regresemos a la economía formal, el mundo económico y laboral será muy diferente al que hoy conocemos, dado que nos estamos enfrentando a una enorme cantidad de desempleo en el mundo. Es decir, será muy difícil contratar a los jóvenes recién graduados si ni siquiera podemos reclutar a los que ya tienen experiencia y conocimiento, porque la economía no lo permite. Lo cierto es que los jóvenes tendrán que abordar la situación de una forma diferente. Seguramente muchos de ellos trabajarán en actividades para las que no estudiaron. Muchos en las grandes ciudades toman hoy empleos en restaurantes o bares. Algunos encontrarán un puesto acorde con sus estudios, pero será más una cuestión de suerte, contactos, influencias, que de oportunidades reales, ya que los países no tienen suficiente dinero para invertir en la creación de empleos. Tendrán más oportunidad aquellos jóvenes con talentos naturales para la tecnología, que es lo que el mundo demanda. Genios tecnócratas que descubran fórmulas tecnológicas que no dependan de la experiencia, sino de su habilidad e instinto natural.

La más profunda recesión desde la Segunda Guerra Mundial

La economía del mundo ha pasado por 14 recesiones globales de 1870 a 2020. Pero ésta será la más profunda desde 1945-1946, es decir, desde la Segunda Guerra Mundial, y es dos veces mayor que la que tuvimos en 2007-2008.

Esta pandemia ha creado una caída en la economía, mayor que la que tuvo el mundo en 1870, y 30% mayor a la producida por la gran depresión económica entre 1930 y 1932.

El impacto de la pandemia ha sido único en muchos aspectos: caída en la actividad industrial, caída del petróleo y del ingreso per cápita, lo cual nos demuestra que debemos prepararnos para una lenta recuperación mundial.

La nueva realidad está reescribiendo el mundo de los negocios

En momentos de transformación como el que vivimos se presenta la oportunidad para aquellos que tienen algo que decir u ofrecer a la sociedad, como un método de acción distinto o una nueva visión de cambio para contrarrestar el impacto de la situación. La necesidad en general crea la oportunidad de ver nuevos escenarios. Lo que no te puedes permitir es esperar hasta que algo cambie en el entorno o mantenerte en la misma posición, puesto que las prácticas tradicionales de los negocios se están modificando en distintos ámbitos:

1. **Cultura.** Dice Michael Beer, catedrático de Harvard, que este cambio que vivimos necesita de una organización con un criterio más amplio. La honestidad en la comunicación que permita dialogar con la verdad será crucial para que las empresas tengan la seguridad de responder a los retos que se avecinan. Hoy toda nueva estrategia requiere de un enorme reto y esfuerzo en la eficiencia de la ejecución. La gerencia media y los directores de área necesitarán de información fidedigna para sobrepasar las barreras que se les presenten en la ejecución, y

para ello se requiere un alto nivel de compromiso como nunca. Esto ocurrirá cuando los niveles de dirección estén dispuestos a escuchar sobre los obstáculos que existen, incluso sobre el estilo de liderazgo necesario para ello. Este reto que tenemos hoy les exige a los directores desarrollar rápidamente una cultura de confianza en sus decisiones, de lo contrario se puede minar la capacidad de responder ante un mercado tan complejo.

2. **Escuchar a los clientes.** Los líderes podrán manejar mejor sus organizaciones creando condiciones para que los clientes sean mejor escuchados. Cuando tu servicio trate a los clientes como socios del negocio, tus empleados serán más productivos, y la atención mejorará considerablemente. El trato con tu cliente es más un involucramiento que una relación cliente-proveedor. Hay tres barreras que pueden impedir este nivel de relación: *a)* no ser capaz de ayudar a tu cliente y tratarlo sólo como uno más, *b)* no saber cómo ayudar a tus clientes, estar alejado de ellos por políticas internas, y *c)* creer que eso no forma parte de tu relación comercial con tus clientes. Cuando los clientes son conscientes de tu interés en trabajar juntos para resolver sus problemas, se construye una relación de lealtad y productividad y tu comunicación con ellos toma otro nivel de confiabilidad y credibilidad. Por ello crear esta política de involucramiento debe ser bien comunicada a los clientes, para que sepan que ése es tu propósito.

3. **El trabajo a distancia será parte de la estrategia.** El *home office* ha existido por años, pero hoy debemos reconfigurar el sentido de esta función. Un buen consejo es que si has comenzado con el trabajo remoto, te conectes con alguien que ya lleve tiempo haciéndolo con el propósito de aprender algunos detalles y sugerencias, además de conocer diferentes herramientas que puedes aplicar. Otro elemento importante será rediseñar la estructura de tu trabajo y los procesos para definir cómo

comunicarse y coordinarse con otras áreas de la empresa, así como negociar las actividades y resolver los problemas operativos. Es un proceso de aprendizaje por el que las empresas tendrán que pasar. Las empresas que mejor manejan el *home office* son aquellas que logran que la gente no se sienta aislada o solitaria, más aún en el entorno en el que viviremos por algún tiempo. Todos los factores de comunicación y solución de problemas en línea serán fundamentales para que los equipos sean más productivos.

4. **Los líderes aprenderán a formar equipos de manera más creativa que antes.** Lo primero que tendrán que aprender es que en este panorama de trabajo esconder los problemas no es buena idea. Los líderes tendrán que reaprender habilidades de mando, para que puedan hablar con la verdad e involucren a su gente en la solución en lugar de buscar culpables o que alguien sea el perjudicado por un problema. También tendrán que formar equipos que tengan mayor libertad y flexibilidad para trabajos a distancia y en diferentes partes del país al mismo tiempo. Pasarán de ser empresas monolíticas y muy estables a organizaciones flexibles y dinámicas de acuerdo con la situación, cuando los líderes fomenten la cultura de que se puede hablar directo sin esconder información y sin que haya represalias, sino una mayor orientación enfocada en la resolución de problemas lo más rápido posible. En suma, los líderes tendrán que aprender a trabajar en empresas más rápidas, más ágiles y flexibles que antes con gente a la que verán virtualmente.

5. **Las prácticas operativas deberán tener otro estándar.** Las organizaciones tendrán que operar con un menor nivel de contacto directo con los empleados, y deberán mejorar los niveles de higiene y salubridad de los espacios de trabajo. Todas las crisis siempre obligan a las organizaciones a cambiar su estándar de operación, de modo que se adapte a la nueva realidad.

Contemplando situación que estamos viviendo, considero que los grandes cambios surgirán después de esta etapa. He visto en muchas empresas que cuando surge un nuevo competidor inesperado, su estándar comienza a tener otra dimensión. Seguramente empresas como Yellow Cab de Nueva York han cambiado radicalmente luego de que surgiera Uber, un competidor y modelo competitivo inesperado. Recuerdo muy bien la crisis de 2008, cuando muchas empresas cambiaron por completo. Es decir, las crisis presionan la mente de los líderes a pensar de forma disruptiva.

6. **Liderazgo virtual.** Los líderes tendrán que desarrollar procesos para monitorear efectivamente el trabajo a distancia. Deberán tener habilidades de *proyect management* para ello. Tendrán que adaptarse a entornos poco estructurados, fomentar la comunicación, dar instrucciones precisas e inspirar con el fin de ser buenos *coachers* con destreza para dar retroalimentación y apoyar a su gente. Necesitarán ser muy efectivos en saber rendir cuentas sobre compromisos adquiridos y tener facilidad para manejar videoconferencias y teleconferencias. De igual manera tendrán que ser muy buenos en dar reconocimientos por contribuciones individuales. Deberán ser líderes capaces de conectar y saber comunicarse con personas que estarán en muchos países y lugares geográficos diferentes así como estar dispuestos a proveer información a cada uno de sus colaboradores y recursos necesarios para que cumplan con su rol de la mejor manera. Tendrán que convencer a su gente de que todos trabajan para un objetivo común y que no se trata de diversos objetivos individuales. Los equipos deberán comprender que tienen un objetivo común compartido y esto no es fácil de asimilar. Cada integrante debe saber cuáles son sus metas, sus responsabilidades y sus horarios de trabajo, pues aun aislado es un representante del equipo.

El nivel de confianza debe ser muy alto; para ello debe existir congruencia entre lo que se dice y lo que se hace, ya que la confianza entre el líder y su gente permite al equipo dar lo mejor de sí mismo. La confianza es, pues, el elemento central de este modelo de dirección. Cuando los colaboradores ya no requieren supervisión directa, el escenario cambia a uno que requiere de características personales, al que suele llamársele "habilidades virtuales", que incluye el conocimiento de la tarea, iniciativa, responsabilidad, conocimiento de las herramientas tecnológicas, además de automotivación y autonomía para decidir. Estos componentes serán la prueba de fuego de todo líder tradicional. Hoy los líderes tendrán que recurrir a distintas herramientas tecnológicas y a nuevas habilidades de interacción humana, manejo de instrucciones y retroalimentación, que no desmotive a su gente para que se sienta parte de un grupo trabajando aisladamente. El reto será entonces adaptar el modelo tradicional de liderazgo al incorporar nuevas habilidades que antes no eran necesarias, tal como lo requiere el líder de la era digital.

10 elementos tecnológicos a los que nos enfrentaremos

1. **Superautomatización.** Será la combinación de múltiples herramientas de *software* para poder realizar el trabajo de mayor sofisticación.
2. **Experiencias de interacción humana.** La habilidad de comunicación con el operador a través de múltiples sensores.
3. **Democratización de la tecnología.** Proveer a los operadores experiencias técnicas y de negocios simplificando la manipulación de la tecnología a múltiples usuarios. Todos tendremos acceso a ella.

4. **Desarrollo de capacidades humanas.** El uso frecuente de la tecnología permitirá que el ser humano tenga mayor capacidad para utilizar cada vez más niveles superiores o complejos de herramientas.

5. **Transparencia.** Se desarrollarán más políticas regulatorias en el uso de la tecnología alrededor del mundo.

6. **Facilitar información.** La integración de información y la capacidad de compartirla será más accesible para múltiples usuarios.

7. **Numerosas nubes.** Cada una de ellas asumirá la responsabilidad y especialización del uso de la información.

8. **Uso de tecnología autónoma.** Tecnología que permitirá que, por ejemplo, muchos vehículos y equipos puedan manejarse por sí mismos.

9. **Cadena de información.** Se desarrollarán tecnologías escalables según el requerimiento del usuario en forma ilimitada.

10. **Seguridad.** Se elevarán los niveles de protección y seguridad de las plataformas y de la información dentro de éstas, cada día serán más sofisticados.

Actitud mental ante el caos

Mantente firme ante la incertidumbre del caos. Tendrás que enfrentarla con una actitud diferente de la que nos impuso la pandemia, convenciéndote de que tu vida y tú son muy importantes para construir el nuevo camino que deseas crear. Esa postura te hará actuar de manera más firme, valiente y diferente y permitirá que tu poder interno, tus capacidades y tu experiencia profesional comiencen a funcionar integralmente como un todo para enfrentar la incertidumbre y no ser parte de ella. También te ayudará a confiar más en tus decisiones ante un mundo VUCA, del cual ya hice referencia.

Si enfrentas la incertidumbre con una postura triunfadora te sentirás con el poder interior suficiente para doblegar su impacto y encontrar nuevos caminos de solución, ya sea para reinventar lo que haces, construir tu negocio digital en tu casa o diseñar tu vida profesional como siempre has querido. Entonces habrás decidido que el caos al que hoy te enfrentas será una oportunidad para integrarte en una etapa superior de vida y de forma de pensar que te permitirá cambiar profundamente tu manera de desempeñarte dentro de tu actividad profesional.

El esfuerzo que hagas en este proceso para manejar el caos traerá consigo una actitud proactiva y muy productiva que te hará triunfar ante la adversidad. Te aconsejo que enfrentes esta realidad con valentía y con el entendimiento de que en la incertidumbre está escondida una oportunidad infinitamente superior a la que tendrías en otras circunstancias. Entrarás en esa etapa superior si tomas conciencia de que si continúas mejorando lo que siempre has hecho, será muy difícil que entres a la nueva realidad, ya que estarás mejorando un paradigma viejo. El secreto no es mejorar, sino cambiar hacia el nuevo mundo que nos está ofreciendo esta enorme transformación social. Pero para ello tienes que verlo como una oportunidad y no sólo como amenaza, pues, aunque es una amenaza en sí mismo —por eso crea caos—, siempre habrá una forma de enfrentar el cambio que nunca habías tenido frente a ti.

En pocas palabras, deberás tener la flexibilidad mental para adaptarte al nuevo paradigma y a la nueva realidad digital que el mundo nos está poniendo enfrente.

7

Cambios de paradigmas

El mundo cambió para siempre y para todos. Ya seas dueño de un negocio, emprendedor o trabajes en un entorno corporativo, con los cambios económicos de hoy no hay duda de que la incertidumbre te invade. Pero no tienes que esperar a que el mundo regrese a la normalidad. No puedes dejar que las circunstancias externas controlen el resultado de tu vida y de tu negocio o tus ingresos. Ahora es el momento de crear oportunidades, adaptarte a las nuevas condiciones económicas y prepararte para la nueva economía que viene.

No importa si tu negocio está prosperando con la pandemia, sobreviviendo o al borde del fracaso. Tu negocio, tu trabajo, tu forma de hacer dinero ha cambiado para siempre y necesitas ponerte a pensar qué vas a hacer al respecto. El entorno en que hoy vivimos está rodeado de incertidumbre, de desinformación y de consejos que nadie está seguro que sirvan para algo; esto está basado en la historia, en un entorno que hoy ya no existe. Todos sacan conjeturas basados en cómo funcionaba el mundo hasta hace poco, pero todo cambió y ya no volverá a ser igual, eso debes grabártelo.

Lo bueno que puede venir de la pandemia es que:

1. **La crisis hará estallar una burbuja de oportunidades.** Como bien lo dijo Michele Moody-Adams, profesora de filosofía

política de la Universidad de Columbia, los momentos de crisis nos muestran que las cosas que estábamos haciendo antes obstaculizaban nuestro progreso en algún aspecto de nuestra vida. En general a los seres humanos no nos gustan los cambios y menos si éstos llegan de forma repentina, nos gusta evolucionar poco a poco con la forma en que veníamos haciendo todo. La humanidad no se ponía a pensar si lo estábamos haciendo bien o mal, aunque algunos sabios nos gritaron por años que íbamos por el camino equivocado. Hoy nos vemos en la necesidad de revalorar todo lo que hacíamos. Eso significa que podemos crear un gran cambio, empezando por hacernos algunas preguntas: ¿Será que todo nuestro equipo tendrá que hacer el trabajo remoto? ¿Tendré que reinventar mi negocio? ¿Tendremos que tomar en cuenta la salud más en serio? Hoy parece que en cuenta la respuesta a todas estas preguntas es afirmativa, que debemos hacerlo.

2. **Surgirán nuevas necesidades, que tú puedes satisfacer aunque aún no lo sepas.** Hace poco las empresas se resistían a hacer el trabajo remoto. El *home office* no era una opción muy inmediata, no se consideraba porque tampoco había herramientas que facilitaran ese proceso. Ahora todo cambió, el virus recodificó la forma en que vivimos y trabajamos y creó todo tipo de nuevos mercados. Hoy hay más empleados remotos, lo que significa que necesitamos una variedad mayor de tecnología para este tipo de trabajos. También surgirá una nueva ola de empresas que ofrecerán soluciones que nunca nos hubiéramos imaginado. Usar más el internet significa que debemos tener una infraestructura más robusta para el mundo digital, lo que llevará a crear nuevas empresas, nuevas nubes y mucho más. Las nuevas oportunidades serán infinitas y muy alentadoras para aquellos que tengan una visión a futuro y no vean el entorno como una amenaza.

3. **Las crisis cambian las reglas del juego y mejoran la vida del consumidor.** Antes no podías ir a un restaurante y pedir un coctel para llevar, ahora puedes hacerlo. Antes no podías hacer una consulta con tu médico por videollamada, hoy sí. Hay cientos de ejemplos de cambios que puedes ver a partir de hoy. La idea es que todo sea más fácil, flexible y cómodo para ti como consumidor. Significa que las empresas han tenido que ser creativas y desarrollar nuevas formas de atender a sus clientes, de modo que consuman y compren como ellos quieren. Hay empresas que han sido muy inteligentes y han entendido que hoy todo es más práctico cuando se lleva hasta tu casa, como Uber Eats, y muchas más que nacen cada día. Esto significa que si tú abandonas tu vieja forma de hacer las cosas, tu mente te dimensionará hacia el futuro y habrá grandes beneficios para ti y para tu negocio o para tu bolsillo, porque ganarás dinero de una forma totalmente distinta a la que estabas acostumbrado.

Una vez que el virus sea controlado, podría jurar que nunca más vamos a querer regresar a la antigua normalidad. Entonces, si eres emprendedor, tendrás que hacer que tus clientes te amen y que no te quieran abandonar. Tú podrías ser el primero en crear algo que nunca antes se nos había ocurrido. El mundo se transformará. Debes liderar esta transformación a la par de tu autotransformación. No esperes a que venga a ti, ve por ella. Algún día mirarás para atrás y dirás: ¿Cómo era posible que viviéramos de esa forma y que atendiéramos de esa manera a los clientes? ¿Cómo era posible que buscáramos nuevos mercados de forma tan primitiva, básica y sin tecnología? Todo era *face to face*. Todo era desayunos, comidas, cenas, cocteles y mucha pérdida de tiempo. El mundo se transformará y debes sumarte positivamente al cambio tecnológico, en el que la relación de empresa o proveedor-cliente será esencial.

Te acordarás de que cuando el cliente te pedía que le llevaras su producto, le cobrabas el transporte o el flete, pero el envío nunca era gratis, y mucho menos se garantizaba que la entrega a cualquier parte del país se haría en 24 horas. Ahora comprar en línea es muy atractivo y divertido para el cliente, por ello vas a tener que crear videos o animaciones para atraerlos y que compren. Tendrás que formar un equipo sólido de marketing digital y de videocomunicación, y contar con expertos en tecnología o proveedores que se adapten a tu nueva realidad. Nunca más un cliente tendrá que sufrir por un proveedor, por una tienda, por un constructor o cualquier tipo de negocio; el mundo multiplicará las ofertas y el cliente estará mucho más agradecido con el proveedor por su velocidad de entrega, por su eficiencia, por su calidad y por haber sido atendido como quería y esperaba. Hoy los años que tengas en el mercado no seguirán siendo el recurso para mantener tu solidez, sino tu servicio y cómo atiendes. El ejemplo más claro es el de Amazon, que cambió la forma de entregar un simple libro, haciendo lo que el cliente quiere y de la forma en que el cliente lo necesita. Esto convirtió a su fundador en el hombre más rico de la tierra; verdaderamente un genio que se adelantó al mundo; nadie pudo entenderlo como él. Todo el sacrificio, toda la inversión, toda la tecnología que adquiría Jeff Bezos eran para satisfacer al cliente. Finalmente hoy, varios años después, lo estamos entendiendo. Porque hoy tenemos que bailar al son que el cliente quiere, porque ofertas sobran, proveedores sobrarán y gente haciendo lo mismo que tú haces más aún.

8

Cómo administrar la vulnerabilidad y la oportunidad

Hace 2 mil años en Grecia los estoicos usaron su filosofía para manejar el caos y las crisis a las que el ser humano suele enfrentarse. En la actualidad, es necesario que equilibres ambos aspectos. Ahora quiero platicarte acerca de un modelo universitario para ejecutivos de hoy.

Hace algunos años me acerqué a las nuevas corrientes para solución de problemas en los negocios. En la Universidad de Carolina del Norte impartían un curso llamado "Crisis Management". En él nos enseñaron sobre un modelo muy descriptivo del proceso del manejo de crisis, ya sea para una empresa o para un país o para ti en lo personal. Cuando un modelo se puede aplicar en estos tres ámbitos, significa que incluye un principio de lógica y racionalidad. El manejo depende de ti y de los recursos humanos técnicos y físicos que tengas para administrarlo.

No hay duda de que en momentos de crisis resultaría inútil hacer un plan estratégico a largo plazo, ya que éstos se diseñan a partir de información que puedes validar. Todo plan estratégico de mediano o largo plazo requiere partir de premisas racionales lógicas y comprobables, pero en medio de una crisis como la que estamos viviendo lo único certero es que no sabemos cuánto tiempo va a durar o si viviremos por años así.

Si tú tienes un negocio que lleva años en pie, se vuelve muy difícil predecir en función del pasado, ya que éste se ha regido por paradigmas y modelos comerciales y de consumo que hoy no sabemos cómo se van a comportar, así como tampoco sabemos quiénes se mantendrán bien parados después de esta etapa, quiénes se quedarán con muchos negocios y quiénes serán nuestros competidores. Surgirán nuevos jugadores y algunos se reforzarán comprando negocios por centavos, como lo acaba de hacer Amazon al comprar J. C. Penney. Así, habrá muchas compras por un valor inimaginablemente bajo.

Significa entonces que un plan estratégico estará más determinado por supuestos que por realidades. Puede suceder que algunos ejecutivos, al no tener información del entorno y no saber cómo será la economía del país y el comportamiento del consumidor, opten por centrarse en lo que siempre han hecho y poco a poco hagan los cambios; así, la intuición, más que la realidad misma, será el recurso para tomar decisiones.

En la medida en que avancemos en esta crisis, no hay duda de que habrá momentos de cierta estabilidad, con altibajos constantes e impredecibles que deberemos saber manejar, así como también será necesario tener una mente rápida, ágil y dispuesta a realizar cambios con un alto nivel de seguridad en el resultado. Por ello los empresarios y comerciantes requerirán vivir en un modo de alerta constante, necesitarán aprender a leer lo predecible y a estar listos para lo impredecible, para los nuevos cambios que tendrá la economía mundial, el surgimiento de nuevos jugadores y la caída de algunos que nunca nos hubiéramos imaginado. En Estados Unidos algunas importantes empresas se han declarado en bancarrota, como Hertz, la más grande de alquiler de autos, Thrifty, Dollar, GNC, Fairway, USA Today, J. C. Penney, Neiman Marcus, entre otras.

La lista de empresas es enorme y no me alcanzaría la página para enumerarlas. Esto cambiará por completo las reglas del juego de los mercados y de los negocios. Nuevos competidores que han empatado el momento indicado con el producto indicado en esta crisis, que están en giros beneficiados o ganadores, como les llamo, se irán abriendo paso a golpes a la mayor velocidad posible para aprovechar la oportunidad de negocios, como los de la salud, empresas empacadoras, de tecnología, de aplicaciones integrales de internet y de *e-commerce*, como Amazon, que en seis meses ha crecido más de sesenta y cinco por ciento; éste es sin duda el tipo indicado de empresa, con el producto y servicio indicados y con un entorno que favoreció la entrega en casa, que es el origen de su éxito.

Mente de los paranoicos: círculo del caos

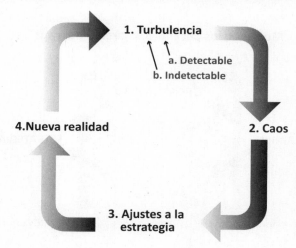

Las crisis pueden aparecer sin avisar, aunque también existen tendencias que pueden detectarse con cierto tiempo de anticipación, que te advierten de lo que está sucediendo. Hoy estamos ante un evento que surgió rápida y repentinamente, creando la crisis en que estamos viviendo. Debido a que se trata de una macrocrisis, desestabilizó todo lo predecible; nadie se lo esperaba. Toda crisis crea condiciones de beneficios para unos y de deterioro para otros.

Como ya se explicó en el capítulo anterior, los líderes tendrán que desarrollar habilidades principalmente en cuanto al liderazgo digital, lo cual les permitirá identificar con antelación las potencialidades del mercado en línea, saber cómo explotar lo que hacen hoy y reconocer los futuros productos que pueden integrar para aprovechar la oportunidad que el mercado esté ofreciéndoles. Algunos tendrán que tomar medidas de protección y otros de expansión, dependiendo de si fueron beneficiados o no por la crisis. También deberán aprender a leer las enormes oportunidades que surgen en crisis tan profundas, así como a proponer varias soluciones para atender distintos escenarios al mismo tiempo, algunos de ellos imaginados anteriormente.

Mente de los paranoicos: círculo del caos

Ya hemos dicho que todas las crisis, y más la que hoy vivimos, son erráticas y resulta difícil identificar o predecir su efecto en tu negocio. Apenas surja la crisis, tienes que definir un plan estratégico a corto plazo para aprovechar las oportunidades y definir mecanismos de protección contra las amenazas. Ahí es donde estructurarás un nuevo plan de acción que le proporcione estabilidad y crecimiento al negocio. Una incorrecta lectura del impacto de la crisis puede llevar a tu negocio a la quiebra o a vivir en modo de sobrevivencia constante. En estas etapas surgen aquellos puntos que la empresa no tenía fortalecidos y que hoy se observan con facilidad porque el comportamiento de la demanda cambió radicalmente. Por ello los líderes deberán actuar de modo muy diferente en cuanto a los siguientes aspectos:

1. **Información directa.** Deberán tener información fidedigna de primera mano para tomar decisiones inteligentes y certeras. La información, aunque sea negativa o dolorosa, deberá ser directa y comunicada rápidamente. Permitirá ser veloz al evitar el impacto en las ventas o en la rentabilidad de la empresa.

2. **Formar un equipo de confianza.** La confiabilidad para evitar que se oculte información o eventos que no sean positivos deberá ser la regla del juego. No hay tiempo para errores o rectificar varias veces. El mercado será muy sensible al precio, a la disponibilidad, agilidad y seguridad de las transacciones.

3. **Líderes digitales.** Deberán rodearse de un equipo que les permita dar soluciones tecnológicas para comunicarse con el cliente y servirlo a la velocidad que el mercado digital requiere hoy.

4. **El líder dirigirá teletrabajo.** Este tema, que ya tocamos en puntos anteriores, será crucial; el líder debe saber cómo dar instrucción y cómo rectificar las tareas, porque tendrá un equipo de personas que trabajarán en la modalidad de *home office*. Antes de la pandemia sólo 25% de las personas hacía trabajo remoto. Hoy, 62% lo hace.

Los paranoicos construyen mecanismos de alerta

Los líderes deberán desarrollar un sistema para detectar con anticipación los cambios y las variables que pueden producir una crisis en el mercado. Es como la alerta sísmica, que con unos segundos de antelación salva vidas. Ése será el objetivo: construir mecanismos para salvar el negocio, que es el mayor principio de los paranoicos, del cual te hablé en el primer capítulo. La crisis que vivimos hoy como consecuencia de la pandemia requiere de la creación de varios escenarios, dada la incertidumbre sobre el comportamiento económico de los países y su relación comercial con el resto del mundo. Representará una alerta de oferta y demanda que deberán calcular.

El primer paso será diseñar sistemas que les permitan identificar en etapa temprana cualquier cambio y tomar decisiones estratégicas distintas. El segundo paso será la creación de varios escenarios estratégicos y el tercero, poner acción de inmediato para que la ejecución sea llevada a cabo.

Las señales de alerta deben ser diseñadas en función de los aspectos financiero, comercial, de producto y de nuevos jugadores o de los mismos con nuevas estrategias competitivas.

La construcción de alertas se idea a través del grupo directivo, que deberá hacerse las preguntas indicadas para enfocar su atención en amenazas que el equipo detecte en el entorno. Por ello, como mencioné en el punto anterior, el líder debe tener información rápida, de primera mano y muy confiable. No hay duda de que el mercado será muy sensible al precio, ya que el consumidor no tendrá la capacidad de adquirir productos suntuarios o de alto costo en la primera etapa de la apertura de esta pandemia, por lo que deberás identificar nuevos productos que sean competitivos y que puedan ser colocados de manera ágil. El precio no deberá representar una limitante de compra, excepto para aquellos que desarrollan redes de comunicación o que dan soluciones integrales de tecnología, ya que ésta será clave para ofrecer un mejor servicio, más velocidad y eficiencia de entregas y por lo tanto, hacer más dinero.

El problema que tienen varias empresas es que les cuesta mucho trabajo ver las solución desde una perspectiva diferente, a pesar de que el entorno se los esté indicando. Eso le sucedió a Kodak cuando no quiso evolucionar hacia las cámaras digitales, principalmente porque al ingresar en ese mercado tendría que cerrar todas las plantas del mundo, con más de 140 mil empleados que producían los rollos fotográficos. Esto implicaba terminar con el negocio y abrir uno nuevo, con una milésima parte de su personal, como el que tenían en 1976.

Muchas veces tenemos la solución frente a nuestra nariz y no la vemos. Así que si tú tienes un negocio, una fábrica o un comercio, debes cuestionarte lo que sabes; porque lo que sabes pertenece a un entorno que hoy ya no existe. Si no lo cuestionas, de nada te servirá querer mejorar el desempeño que venías teniendo, ya que el mercado cambió para siempre y las oportunidades serán abismalmente diferentes. Hoy me pregunto si aquellos que construyen robots estarán trabajando a marchas forzadas para venderlos por miles a comercios, supermercados, hospitales; es decir, en todos los comercios que atiendan clientela de forma masiva o que la salud esté en juego. Eso está sucediendo con Uber, que ya lleva tiempo planteando que su objetivo es que sus autos no tengan chofer sino que sean autodirigidos, lo mismo con los próximos taxis Uber drones, que serán comunes y prácticos para ciertas ciudades y lugares turísticos.

Plan de acción para enfrentar las crisis
Fuente: IPADE

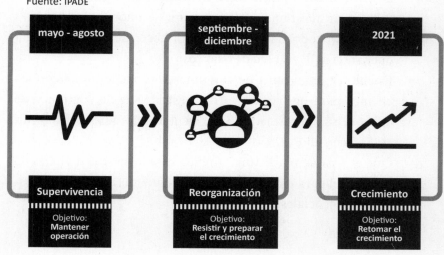

Como vemos, la clave es identificar antes que nadie la tendencia. Decía Bill Gates en su biografía que el secreto es llegar al mercado con una estrategia antes que todos tus competidores y centrarse de lleno en atender a ese consumidor. La idea entonces es llegar antes, tomar por sorpresa el mercado y hacer algo único, distinto, exclusivo, fácil de adquirir y que sea competitivo en precio y en nivel de calidad. Para ello deberás resolver el problema de tus clientes como nadie. La solución en una crisis como la que hoy tenemos deberá incluir por lo menos:

1. Concentrarse en los segmentos de clientes importantes.
2. Establecer negociaciones que den seguridad a tus mejores clientes.
3. Integrar nuevos productos para segmentos antes no considerados.
4. Implementar servicios adicionales para sorprender al cliente en un nivel superior de atención como nadie.
5. Establecer promociones todo el tiempo con el propósito de dinamizar ventas cortas y de contado.
6. Quitar marcas que no agreguen valor al mercado, ver el sentido utilitario para el consumidor de hoy.
7. Definir un área robusta de comercialización digital que te permita llegar más rápido y de forma más económica.
8. Simplificar todos los procesos para hacer de tu negocio una operación ágil y rápida de bajo costo.
9. Establecer un sistema de comunicación más cercana con los clientes para que juntos formen estrategias de compra y de apoyo a sus necesidades. Que sientan que quieres hacer un equipo con ellos.
10. Que el área de marketing también diseñe apoyos digitales de buen nivel para mantener comunicados a tus clientes y a prospectos potenciales.

9

Métodos de solución ante el caos que nos presenta el mundo VUCA

Si una idea puede crear un libro como el que estoy escribiendo, imagínate tú implementándolo.

JOSÉ ÁNGEL CORTEZ

En este capítulo te compartiré tres métodos probados para aplicar la mente preventiva, racional, lógica, de pensamiento crítico y deductivo: *1)* el método de los griegos en la escuela de los estoicos, *2)* el método de Sherlock Holmes, y *3)* el método de análisis de problemas potenciales.

Con estos tres métodos puedes pasar de la idea a la acción si integras la metodología de cada uno en los problemas potenciales que identifiques. Aprenderás el proceso mental que se requiere para cada método. Con ello resolverás tus problemas potenciales causados por la realidad en que vivimos hoy en un entorno de enorme incertidumbre y anticipando los problemas.

La clave será que aprendas a usar los pasos que los creadores de estos métodos utilizaban para que los incorpores como pensamiento racional, lógico y de análisis crítico y resuelvas futuros problemas; toma en cuenta que este tipo de pensamiento no será fácil de procesar con el enfoque que tuvimos por tantos años de consumistas a corto plazo, en el que disfrutábamos el momento inmediato sin mucha visión futura de la realidad en que vivíamos, saturados del mundo material y con estrés y cargados de emociones, y no con una metodología deductiva y racional para anticiparnos a los problemas potenciales futuros.

El método de los griegos en la escuela de los estoicos

En la antigua Grecia, cuna de los grandes pensadores, tenían claro que ante los problemas que se presentaban en la vida debían aprender a separar la emoción de la razón.

Crearon una escuela filosófica denominada estoicismo, fundada por Zenón en 301 a. C. Su filosofía consistía en el dominio, a partir de la razón, de los hechos y de las cosas que perturban la vida de las personas.

Aunque la gente pueda considerarlo como una forma fría de ver la vida, ellos concebían las emociones a partir de dos vertientes: las destructivas o disruptivas (rabia y odio) y las constructivas (alegría, amor, sentido de la justicia). Los estoicos consideraban necesario eliminar de nuestra mente las emociones negativas porque éstas no nos dejan disfrutar de la vida.

Concéntrate en lo que tienes bajo control, decían los estoicos, ¿para qué gastar energía en donde no puedes hacer nada? En pocas palabras: deja de preocuparte por las cosas que están más allá de tus posibilidades

Lecciones de los estoicos que podemos aplicar ante la crisis

El estoicismo fue una filosofía creada hace más de 2 mil años, y cada día más personas la utilizan como el antídoto contra las dificultades de la vida que hoy vivimos. El estoicismo divulgó el valor de la razón al considerar que las emociones afectan en tus decisiones, pues éstas generan una interpretación de lo que te está sucediendo el día de hoy. En esta pandemia se han acrecentado cada día más las asesorías para manejo del estrés, del insomnio, de la angustia y demás consecuencias del pensamiento emocional. Los estoicos ofrecen una guía para que te mantengas fuerte y tomando el control de situaciones como las que hoy vivimos.

Epicteto, quien fue uno de sus representantes, decía: "No eres lo que pretendes ser, así que ponte a reflexionar y decide". La pregunta que se hacía y que tú también debes formularte es: "¿Esto me beneficia a mí?" Si no es así, prepárate para alejarte de aquello que te daña y decir: "Eso no tiene importancia en mi vida". Con esa forma de pensar dejarás atrás las cosas que no están bajo tu control y trabajarás en las que sí puedes influir.

Los estoicos también decían: "No esperes que el mundo sea como tú quieres que sea, sino como realmente es". Así es y no más. Parecería una actitud conformista, pero en realidad sólo te están diciendo que aceptes las cosas tal como son, que muchas de ellas están más allá de tu control y que ya sucedieron porque estás experimentando sus efectos en tu vida. Por más que niegues la realidad actual, ésta es así, pues sucedió desde hace muchos meses en el mundo.

También estiman importante que hagas tu vida placentera eliminando todas las preocupaciones. Te enseñan a lidiar con las emociones destructivas que puedas provocarte al no aceptar la realidad tal cual es. Los seres humanos no nos alteramos por las cosas que suceden, sino por la interpretación que les damos. Entonces la carga emocional te invade y no te deja decidir inteligentemente. Es decir, tu opinión acerca de la pandemia es la que te daña porque está cargada de emociones y éstas determinarán cómo te sentirás con lo que sucede. La clave es que hoy busques autocontrol, para lo cual es necesario que comprendas lo que sucede, pues una falsa interpretación puede llenarte de emociones incorrectas y te llevará a tomar decisiones equivocadas.

La clave de los estoicos es no reaccionar ante las circunstancias externas. Ellos nos enseñaron que a pesar de que no podemos controlar lo que nos pasa en la vida —como lo es esta pandemia—, sí podemos controlar la percepción de lo que está sucediendo, lo cual marca una enorme diferencia de apreciación de un mismo evento. Para actuar ante esta pandemia un estoico te diría que debes estar consciente y tener control de tus conductas para no dejarte dirigir por tus emociones. Puedes optar por percibir esta situación de una forma constructiva o destructiva, eso depende de ti.

Los estoicos son aquellos que deciden ver el vaso medio lleno y no medio vacío. Si piensas como un estoico verás las cosas desde un ámbito positivo. Podemos aprender de ellos varias cosas que hoy pueden permitirnos tener una mejor vida ante el caos o crisis que estemos pasando y así enfrentarlos con actitud estoica, lo cual nos ayudará a resolver problemas personales, económicos o de trabajo. Algunos de sus consejos son muy importantes, espero que puedas integrar varios de ellos en tu forma de pensar para resolver tus problemas.

1. **Evita la angustia; analiza el torbellino de tus pensamientos.**
   Si estás angustiado por algo, debes asumir que ese sentimiento

no proviene de la cosa en sí, ni del momento que estás viviendo ni de la situación, sino de la interpretación que estás haciendo de eso, lo que significa que puedes evitarlo si piensas diferente y lo evalúas de una forma distinta. Los estoicos estimaban que sólo una mente que esté consciente y alerta podrá filtrar los pensamientos dañinos y no permitirá que la afecten directamente con su carga emocional destructiva. Esto significa que debes pensar antes de actuar, para que el pensamiento lógico te permita tomar distancia de las cosas; cuando logras tomar distancia, puedes decidir qué conducta tomar ante ellas. Pero si actúas sin pensar, seguro lo harás sin mucho sentido y las emociones te envolverán y no te dejarán sobrevivir libremente. Si el entorno en el que hoy vives te está invadiendo, detente un momento para procesar esas emociones. Toma conciencia fríamente y luego pregúntate: ¿Cuál será la mejor forma de enfrentar una situación como la de hoy? Hacerte preguntas te lleva a que tu mente reflexione para que pongas fin y evites el impacto de respuestas negativas y emocionalmente limitantes, las cuales no te llevan a ningún lugar positivo ni de dominio de las circunstancias.

2. **Debes ver las cosas en perspectiva.** Un estoico, ante una situación como la pandemia que hoy vivimos, te diría: si no fijas tu vista hacia el futuro, no tendrás una guía que seguir y llegarás a cualquier lugar menos al que tú pensabas. La razón de su respuesta es que un estoico se despierta y sabe lo que quiere, tiene metas, objetivos y una visión clara de su vida y de los eventos que vive. Así debes pensar hoy. Si mañana inicias escribiendo metas a largo plazo, crearás un compromiso mental previo que hará posible que suceda tal como lo planeas o como lo comprende tu mente. De lo contrario tendrás una mente reactiva, emocional, que te llevará a la frustración y no te dejará ver caminos de solución a tus problemas. Toda acción debe

estar conectada con tu destino, así piensa un estoico, porque su mente paranoica le permite ver más allá de los posibles problemas potenciales que tiene que resolver. Si no dimensionas el futuro de las cosas puedes pasar todo el día pensando o toda la vida trabajando y nunca llegar a ningún lugar feliz.

3. **Debes vivir cada día como un comienzo ante las crisis.** Decía Séneca: "Comienza a vivir y cuenta cada día como una nueva vida". Si estás angustiado, estresado y sin saber cómo vivir por la incertidumbre del entorno, los estoicos te pueden ayudar, ya que ellos ven cada día como una oportunidad nueva para cambiar su pensamiento y lo que les sucede. Como te dije, necesitas una visión, un destino, una dimensión a largo plazo que cambie completamente tus emociones ante un entorno de estrés e incertidumbre o que resulta amenazante. Un día malo no significa que tu vida sea mala, fue sólo un evento pasajero, circunstancial, fortuito. Debes poner fin al efecto dominó que tienen las emociones y pensar en forma racional, lógica, analítica, lo que te permitirá racionalizar las cosas tal cual suceden y te darás cuenta de que la interpretación emocional que les des te puede orillar a una depresión y evitará que vislumbres caminos de salida.

4. **Hay un momento para cada cosa.** Los estoicos te ayudarán a pensar en forma paranoica, anticipando racionalmente los problemas. Ellos parten del principio de que todo se debe vivir 10 años antes, o sea, que veas más allá de tu nariz, de tu realidad actual. Es importante que tengas en tu mente un reloj que esté situado en el futuro y no en la realidad crítica, difícil, ansiosa. Mira más adelante para que el flujo de tu mente y tus acciones estén alimentadas por el proyecto y no por el evento de hoy. Si piensas sólo en el hoy podrías estar dando vueltas sin avanzar. Tu mente debe estar anclada a una visión, a un destino predeterminado que tú quieres y no uno impuesto por la

realidad actual de la vida y el mundo. Si vives a corto plazo sin vislumbrarte en 10 años, tu calidad de vida se verá mermada, pues la emoción a corto plazo no puede encontrar nuevos caminos porque únicamente ve las hojas de los árboles, no contempla el bosque en conjunto, lo que hará que tomes acciones y caminos distintos. Por ello debes cambiar tu forma de pensar ante la misma situación y vivir en paz a pesar del entorno.

5. **Vive hoy el futuro.** Para un estoico, la verdadera felicidad está en vivir de forma racional, no se deja llevar por los actos emocionales que día con día se presentan. Nos dicen que la verdadera felicidad está en disfrutar el presente sin vivir ansioso por el futuro. Disfruta el camino hacia el destino, no te pongas ansioso por el futuro, simplemente disfruta el hoy, el aquí y el ahora sabiendo lo que quieres alcanzar más adelante. De esa forma vivirás con más esperanza, porque estará anclada a tu proyecto futuro. Todo el mundo cree que el éxito te llevará a la felicidad, pero los estoicos te dicen que la felicidad es la que te llevará al éxito. Tendrás felicidad en cuanto pienses en tu futuro como un proyecto de vida, donde todo estará alineado. Evitarás tomar cualquier camino con prisa para que, luego de 20 años, evites pensar que no avanzaste como hubieras querido. Hace siglos que los estoicos saben que la felicidad es la clave del éxito de la existencia, siempre que se tenga visión futura de la vida.

6. **Congruencia, sé auténtico.** Es muy importante que te conviertas en el modelo de lo que quieres llegar a ser. Modela tu vida. No es necesario que imites a otros; sé tú mismo, vive de forma auténtica tu visión de vida. Por ello debes conocer cuáles son tus talentos, para manejar las situaciones de tu vida de la mejor manera. Hoy, ante el mundo de incertidumbre que vivimos, tus fortalezas son el recurso que te permitirá salir adelante y que no te deprimas. Ancla tu vida al proyecto y sé

auténtico sobre los talentos y las virtudes con que cuentas para alcanzarlo. Y sé feliz con lo que decidiste.

7. **Escribe tu diario de vida.** Antes de dormir reflexiona sobre las cosas más importantes que te sucedieron, así irás construyendo el diario de tu vida. Hazte preguntas como: ¿qué hice bien?, ¿qué hice mal? y ¿qué debo hacer? Esto te permitirá ver tu vida desde una perspectiva objetiva y no desde una emocional que destruya tu capacidad de tomar decisiones y de vivir feliz.

Como ves, el estoicismo fue una doctrina que se basó en el dominio de las pasiones y emociones que distraen en la vida, teniendo como sustento la razón, la lógica y el pensamiento crítico. Su objetivo fue siempre alcanzar la felicidad, a pesar de enfrentar situaciones críticas como las que hoy estamos viviendo en el mundo. El ideal es que ellas no te dominen, que no seas producto de las circunstancias, sino que construyas tu futuro con base en tu visión y tu proyecto de vida. Esta forma de ver la conducta humana podrá serte de mucha ayuda en estos momentos de encierro que vive la humanidad.

Círculo de la influencia y círculo de la preocupación

Existe un principio que demuestra la importancia de trabajar en aquello donde sí puedes hacer algo; se llama el círculo de la influencia y el círculo de la preocupación.

El círculo más cercano a ti es el de la influencia, en el que puedes intervenir, tomar acción y decidir qué hacer. Luego está el círculo de la preocupación, el cual alberga todo aquello en lo que no puedes hacer nada al respecto. Cuando revisamos con detenimiento las cosas que nos preocupan, resulta evidente que en muchas de ellas no tenemos un control real, por ello debes preguntarte a qué cosas dedicas con frecuencia más tiempo y energía, ya que cada persona tiene una gama diferente de preocupaciones. Es aconsejable que visualices

en un círculo más pequeño en el centro aquéllas en las que tienes más control.

Ahora bien, las personas que son proactivas centran su esfuerzo en el círculo de la influencia, es decir, en aquello en lo que sí pueden hacer algo. Los estoicos tenían este concepto muy claro: si no puedes hacer nada al respecto, no te preocupes. Las personas reactivas, por el contrario, se centran en el círculo de la preocupación. Se enfocan en los hechos de los que no tienen control alguno. Con esa actitud se desalientan, acumulan energía negativa y frecuentemente toman decisiones erróneas basadas en la emoción y no en la razón.

El enfoque de las personas con actitud proactiva comienza de adentro hacia afuera: cambiar la actitud, pensar diferente. Con ello se vuelven más creativas e ingeniosas al resolver los problemas. Y para tomar decisiones inteligentes, debes usar la inteligencia intrapersonal.

Aceptar lo que podemos y lo que no podemos controlar nos permitirá tomar distancia y por ende mejores decisiones.

> "La forma en que interpretamos lo que nos sucede es más importante que lo que nos sucede. El obstáculo no es una piedra en el camino, sino que es el propio camino."
> EPICTETO, *filósofo griego de la escuela estoica (50-135)*

Enfoque para la solución de problemas

El estoicismo nos permite tener una conducta de control y permanecer analíticos ante las dificultades. Nos invita a superar miedos irracionales y a prosperar en entornos estresantes y hostiles, así como a tomar decisiones desde la racionalidad. Es decir, te permite tener control de tus emociones y mantener una dirección clara de lo que quieres de tu vida. En suma, lograr tu propia libertad ante el entorno y las emociones que se disparan como consecuencia de esa adversidad que te ataca y te hunde en el estrés.

¿Cómo puedes lograrlo?

Los estoicos te invitan a ser menos temeroso, frágil y estresado ante la incertidumbre y las amenazas del entorno.

Cuando las personas pasan por momentos difíciles hay que tratarlas con sutileza, ya que son víctimas de las emociones. Si alguien sufre por lo que sucede en su entorno debemos ayudarlo a salir de ese estrés. Hoy, ahí fuera, hay algo que nos amenaza, es externo a nosotros. Pero cuando enfrentas el mundo exterior con temor, o te sientes víctima de esas circunstancias o de alguien, aumenta el dolor que sientes, el cual no te ayudará a resolver el problema emocional y caerá en una espiral depresiva. El secreto es cambiar tu enfoque en tres pasos:

1. **Concéntrate en lo que puedes controlar.** Quita la atención de aquello de lo que no tienes control y enfócala en lo que sí puedes controlar. Céntrate en aquello que es interno y externo. La mente, cuando cae en la depresión, se pierde en los aspectos que uno no puede controlar o dominar. La mejor forma de tener control es aprender a mantener un foco de atención. Esto se logra aprendiendo a meditar. Así es como puedes controlar el flujo del problema. La meditación te llevará más allá de tu

desesperado pensamiento habitual y te impedirá caer presa de las circunstancias. Epicteto decía: "Te conviertes en aquello a lo que le prestas atención".

2. **Trata los obstáculos con más indiferencia.** La idea es dejar de ver los obstáculos como problemas y comenzar a considerarlos como retos que se te presentan en ese momento. Cuando ves el obstáculo como un problema, lo estás viendo fuera de ti, ajeno. Es algo que está ahí afuera, como la pandemia que hoy vivimos. Te sientes como una víctima desvalida. Pero si logras aceptarlo como un desafío, lo podrás abordar desde la perspectiva de tu recurso interno y externo. Entonces te prepararás para ello, te anticiparás y tomarás decisiones. Desarrollarás tu fortaleza interior, tus recursos. Se trata de ti y de cómo prepararte mejor. El estoicismo te ayuda a ser resiliente, para que las situaciones no te dañen ni te hagan caer en depresión, en desánimo o te quiebren.

3. **Prepárate para LO PEOR.** No esperes de forma pasiva el problema, al contrario, organízate para estar listo y enfrentar cualquier eventualidad. Al prepararte verás que hay una enorme grandeza en ti, porque tomas decisiones preventivas y de protección. El principio de los estoicos es que debes prepararte, no preocuparte. Ésa es una actitud preventiva y proactiva ante la vida. Entonces te darás cuenta de que puedes sobrevivir a eso, porque te has preparado. Lo único que no puedes resolver es la muerte. Los estoicos dicen: "*Memento mori*: recuerda que morirás".

Imagínate lo peor y que eso sucediera. Eso que parece insoportable al principio se vuelve más soportable si estás preparado y comienzas a construir recursos para defenderte. Podrás sobreponerte a eso tan difícil porque estás listo, porque has desarrollado tu fortaleza interior. Ser consciente de la importancia de prepararte para lo peor te permite tener el foco de atención en la vida, en las acciones que debes tomar, para que después no te lamentes al pensar que la vida pasó delante tuyo y no la viviste como siempre anhelaste. Te permitirá experimentar lo maravilloso de la vida porque la aprovecharás al máximo y no la vivirás como una tragedia.

Ahí demostrarás tu coraje, tu valentía y tu grandeza, porque vives con total plenitud e intensidad y no dominado por las circunstancias. En conclusión, el estoicismo te permite ver la vida con positividad, no de una forma azucarada y melosa en la que todo es belleza y felicidad sólo porque así lo deseas, sino porque tienes una actitud expansiva, y aunque fracases y te caigas, te alienta a que mantengas una actitud proactiva para levantarte nuevamente, sabiendo que siempre lo volverás a intentar a pesar de lo que suceda. Dejarás de tener miedo a los fracasos, a la adversidad que hoy nos presenta el entorno en este mundo.

El método de Sherlock Holmes

El mejor paranoico de la historia

Cuando escuchamos el nombre de Sherlock Holmes, el popular personaje creado por Arthur Conan Doyle, nos viene a la mente la pipa, la gorra de cazador, la capa y el violín. Es innegable que este personaje fue un detective sin igual. Su comprensión de la mente humana es tan particular que quiero utilizarla para que aprendas a pensar de forma lógica, analítica y deductiva como él, con el fin de que comprendas el entorno y puedas resolver los problemas que hoy se nos presentan a causa de la pandemia mundial. No hay como el extraordinario modelo de pensamiento de Sherlock Holmes para que puedas resolver lo que tienes que enfrentar al integrarte a una nueva realidad que te pide que te comportes de otro modo y uses un modelo de pensamiento diferente del que solías tener.

Lo que nos ofrece Holmes no es sólo una manera de resolver casos policiales, ya que su comprensión de la mente humana no es distinta de la que necesitamos hoy para pensar de forma crítica y analítica.

Su enfoque está basado en el método científico, que se aplica por igual a la ciencia, a los negocios, a tu empleo o a cualquier actividad que desempeñes en el mundo laboral.

En 1887 Holmes era sin lugar a dudas la representación de un pensador sin precedentes que utilizaba su mente de una manera original. Hoy simboliza un modelo ideal para que mejoremos nuestra forma habitual de pensar en este mundo tan confuso al que nos estamos enfrentando.

Sherlock Holmes fue un visionario en muchos sentidos. Sus explicaciones, su metodología, su enfoque de pensamiento presagiaron los avances en la psicología y la neurociencia que se dieron un siglo después de su aparición en la literatura. Su forma de pensar parece casi imprescindible para el día de hoy, y una herramienta muy eficiente para que te anticipes a los problemas potenciales que debes manejar.

El libro *Mastermind*, de Maria Konnikova, explora los métodos únicos de Holmes para alcanzar la atención plena, una dote de observación extraordinaria y una incomparable capacidad de deducción lógica que tendrás que aplicar tú también. Muestra cómo cualquiera con un poco de práctica puede utilizar estos métodos para mejorar su percepción, resolver problemas difíciles y desarrollar la creatividad. También nos revela cómo el detective más perspicaz del mundo puede ser un mentor sin precedentes para mejorar nuestra manera de resolver problemas potenciales a los que nos enfrentaremos. De este libro se aprende el término *multipensamientos*, para lo cual nuestro cerebro no está entrenado, pues nos hemos acostumbrado a prestar atención a una sola cosa a la vez.

El rigor del pensamiento de Holmes es: observación, inferencia y deducción. A partir de la primera surge el método científico, que hoy quiero compartir para que lo implementes en tu mente paranoica y puedas anticiparte a los problemas y los resuelvas antes de que te afecten, ya sea en tu empleo, en tu negocio o si eres un emprendedor.

Su método parte de una amplia base de conocimientos aunados a la comprensión de los hechos y los contornos del problema que se quiere resolver. El ideal científico de Holmes se caracteriza por un escepticismo y una mentalidad inquisitiva, curiosa y paranoica de las situaciones a las que se enfrentaba. Nada se acepta porque *sí*, dice él, todo se debe investigar. Es decir, es como el modelo de los paranoicos, el pensamiento crítico del cual he querido convencerte que apliques a lo largo de este libro. Será clave para tu éxito futuro en la solución de los problemas potenciales que dejará esta pandemia.

El modelo crítico y deductivo que usaba Sherlock Holmes te servirá para conectar hechos aparentemente incomprensibles a los que te enfrentarás después del encierro y que pueden o no tener relación sino hasta que apliques el pensamiento deductivo y de observación del detective.

Sherlock Holmes, con su método para develar y resolver problemas, te puede conducir a un pensamiento más claro y un conocimiento de tu entorno más profundo a través de la observación y la deducción lógica. También demuestra cómo es que cualquiera de nosotros, al practicar dichos métodos, puede mejorar su capacidad para resolver problemas difíciles y salir de este entorno tan complejo en el que estamos. En pocas palabras, "podremos encontrar la aguja en el pajar".

Aprende a pensar como Holmes

Ahora analicemos los cinco pasos del método de Sherlock Holmes.

1. **Desarrolla tu escepticismo.** No hay peor enemigo que el dejar de cuestionarnos ideas o pensamientos y asumir una actitud pasiva ante cada hecho o problema a resolver. Si no aprendes a cuestionar tus propios pensamientos, rara vez podrás ver más

allá de lo que se postra frente a tus narices, o lo que hay detrás o las oportunidades que existen. Debes aprender a quitarte los prejuicios, dejando de hacer conjeturas anticipadas y concluir sin profundizar en las opiniones. Asimismo, tienes que aprender a hacer filtros, a pensar escépticamente, a ser curioso y ver más allá de tus creencias o de las apariencias, haciendo que el razonamiento y la lógica dominen cuando tengas que resolver problemas ante la incertidumbre.

2. **Correlaciona la información que descubras.** Cuando recibas información, no te limites a simplemente aceptarla tal cual sin cuestionarla. Necesitas desarrollar una actitud donde correlaciones la información que recibes con otras variables, como la economía del país, tus competidores, el precio de los productos, la seguridad en tu empleo y tu ingreso, etcétera. Pensar como Sherlock Holmes implica tener en cuenta que toda información, aunque sea muy simple, aporta más datos de lo que parece, por lo que debes cuestionar consecuencias, efectos colaterales y causas que la producen; asimismo, la forma en que te afecta y cómo podrías crear un modelo de protección contra ella, si es que fuera perjudicial. Para esto es necesario que seas curioso por definición y que no te quedes sólo con lo que ves o lo que recibes como información cruda, tal cual surge.

3. **Evita la ceguera de taller, toma perspectiva.** Para que puedas resolver los problemas a los que te enfrentes en esta nueva realidad en la que viviremos deberás tener mucha creatividad e imaginación. Necesitas unir cabos, no dejes piezas sueltas, información sin sustento. Aunque observes que no tienen injerencia directa también debes incluirlas. Cuando algo te parezca contradictorio, deberás formular hipótesis que aclaren la información que tienes, tomando tu distancia y alejándote del problema, de modo que no seas parte del mismo, sino que puedas verlo desde lejos e interpretarlo. Es esencial que veas el

sentido de la información desde otros ángulos, no te quedes con ver las hojas de los árboles, debes alejarte y ver el bosque entero. Esa actitud te dará una visión y una solución que antes no veías. Resumiendo, para que puedas pensar mejor, te aconsejo que tomes distancia del problema central. Es como cuando te subes a una montaña y pones el problema en la base de la misma; ese problema se verá muy diferente cuando estés en la cima y te será más fácil ver la causa y el efecto. Así lo hacía Sherlock Holmes.

4. **Documenta toda la información.** Documentar toda la información que recibes es crucial para reflexionar mejor y correlacionarla, así podrás contrastar diversos puntos de vista. Las ideas y la información en un entorno incierto cambian día con día, por lo tanto tienes que validarlas todo el tiempo. Surgirá información en cualquier momento, cuando menos te lo imagines. Debes documentarte bien, consolidar la información y validarla, pero cuida que esté resumida y ordenada en tus bases de datos. De esta forma podrás llegar a otras conclusiones que nunca podrías alcanzar si no tuvieras ordenada dicha información.

5. **Contrasta información.** Es importante desarrollar la habilidad de contrastar toda la información de la que dispongas, comparar un tema con otro, una tendencia con otra y un dato con otro. Así podrás llegar a conclusiones y nuevas deducciones que de otra manera sería difícil.

Cómo desarrollar el pensamiento crítico para encontrar las mejores soluciones

El pensamiento crítico es crucial para que puedas integrar información racional sustentada en datos que recabes del entorno para mejorar tu negocio, para definir un nuevo plan estratégico ante la incertidumbre a la que nos enfrentaremos al liberar las restricciones impuestas por la pandemia. El pensamiento sustentado en información, fuentes y evidencias te permitirá anticiparte con el fin de tomar tus nuevas decisiones para salir adelante o para crear tu nuevo negocio o hacer crecer el que hoy tienes, ya que podrás intuirlo basándote en datos duros y no **sólo** en supuestos, deseos o respuestas emocionales que pueden llevarte al fracaso.

Las siguientes son algunas de las acciones por medio de las cuales Sherlock Holmes, gracias a su mente crítica y científica, encontraba soluciones ante situaciones complejas, que tú también debes aplicar.

1. **Presta atención a los detalles.** Los detalles determinan los efectos que pueden implicar las grandes decisiones. Además, los pequeños detalles te permiten predecir; son tan importantes que hasta pueden hundir un transatlántico como el *Titanic*. Al unir las pequeñas piezas de información surgirá una fotografía y un mapa total de los problemas potenciales a los que te puedes enfrentar.

2. **No te conformes con mirar, aprende a observar.** Mirar consiste en analizar directamente los datos que tienes, pero observar te permite interpretar lo que tienes enfrente para sacar conclusiones y tomar decisiones superiores que nunca contemplarías si no hubieras desarrollado tus habilidades de observación. Éste será el uso y aplicación de tu nivel más alto de inteligencia.

3. **Conviértete en un verdadero lector.** Para resolver o identificar los problemas potenciales que dejará esta pandemia necesitas estudiar. Requieres de información y prestar atención a los detalles, como vimos en el primer punto. La lectura te permitirá tener a tu disposición información de *big data,* que te dará una fotografía de la tendencia a la que te vas a enfrentar y de las decisiones preventivas que puedes tomar.

4. **Sé proactivo en la búsqueda de enigmas y misterios.** Las personas proactivas tienen un nivel de iniciativa superior al resto de aquellas que sólo reaccionan cuando las cosas suceden. Los paranoicos se anticipan, predicen lo que aún no es una realidad, definen escenarios posibles y generan mecanismos de protección para que no los dañen. O sea que si en la empresa donde trabajas observas repetidamente conductas que no son las que tradicionalmente has vivido, es necesario que te apresures a tomar decisiones preventivas y protegerte. Con mayor razón si eres el director general o el dueño de la misma: debes darte prisa para estar preparado. No esperes a que los eventos sucedan; ya será muy tarde para curar el daño que te pueden causar.

5. **No te fíes de la intuición, pero escúchala.** Los psicólogos han definido la intuición como la sensación o percepción que se tiene de un conocimiento inmediato y que se anuncia en tu mente, sin explicación alguna y sin el uso de la razón. Está sustentada en tu inteligencia personal y en tus experiencias anteriores. Sin embargo, no te fíes, debes verificar tu instinto para confirmar si estás en lo correcto. Por ello leer, estudiar, documentarte o consultar con expertos será fundamental para ti.

6. **Acumula datos e información.** Documenta toda la información que recopiles de tu entorno, ya que vivirás en un ambiente comercial, económico y laboral que nunca antes habías imaginado. Toma notas, almacena información, transfórmate en un observador de toda la información que recabes para que puedas deducir de manera más inteligente. Alimenta tu mente de datos y ten un equipo de personas confiables, ya sea tu familia, tus compañeros de trabajo o tus amigos más íntimos, con las que puedas intercambiar ideas y sacar conclusiones a un nivel superior.

7. **Utiliza la lógica y saca las conclusiones correctas.** La lógica está sustentada en realidades y eso te permitirá tomar decisiones

más certeras y correctas, y que no sean sólo supuestos o creencias. En este momento no es bueno equivocarte ya que las condiciones del entorno no son muy favorables para compensar errores, pues si tienes una empresa la competencia aprovechará ese error. Si eres empleado será difícil encontrar un puesto como el que tenías, y si eres emprendedor, habrán tantos en el mercado compitiendo que será muy difícil repuntar una pérdida. Así que hoy los errores no tienen cabida. Debes ser lógico, racional, de pensamiento crítico y muy buen instrumentador del método científico de Sherlock Holmes y del pensamiento paranoico para anticipar problemas, así como poner en acción tu mente entrenada en análisis de problemas potenciales.

Aprende a observar para anticiparte a eventos

Sherlock Holmes afirmaba: "Es un error capital teorizar antes de tener datos", y es que la teoría estará sustentada sólo en deseos y no en realidades observables y validadas.

Sin embargo, es un error que cometemos con mucha frecuencia cuando queremos que las cosas sucedan como uno quiere y más aún después de haber vivido un periodo de cuarentena, en la que las emociones pueden jugarnos una mala partida por actuar en función de impulsos y no con lógica pura, poniéndonos a darles vueltas a las cosas que nos preocupan sin recopilar buena información, sin observar objetivamente la realidad.

Ser un buen observador siempre se ha asociado con ser una persona inteligente, y esto tiene su lógica, ya que el desarrollo de la capacidad de observación es realmente básico como método de conocimiento. Por eso debes integrar el hábito de la observación en tu pensamiento paranoico, que busca lo que aún no existe o no sucede, lo que te permite sacar conclusiones potenciales sobre algo que te podría afectar a ti, a tu negocio o a tu futuro económico.

Recuerda que los seres humanos somos una especie inteligente y curiosa porque sabemos asociar información para deducir, y eso será fundamental para descubrir tu futuro después de la pandemia. Sabemos que desde el principio de los tiempos nuestros antepasados observaron atentamente los fenómenos de la naturaleza, a los animales y a otros humanos, y la observación permitió acumular conocimientos que fueron cruciales para el control eficaz del medio.

Lo mismo debes hacer hoy para ser exitoso en tus decisiones futuras, dado que el entorno habrá cambiado para siempre. Tendrá unas normas distintas, unas prioridades diferentes y la tecnología será el centro del crecimiento económico, financiero y empresarial. O sea que si tienes un negocio o quieres abrir uno tendrá que ser acorde con tu destreza y *expertise* en manejar el internet y la comunicación a través de redes, pero si no eres un conocedor al respecto, será necesario que te apresures a idear cómo integrar o adquirir dicha habilidad.

Desarrolla la observación

Como ya dijimos, la observación será crucial para que tengas éxito en anticiparte a los problemas del entorno en que vivirás a partir de hoy y en adelante, al integrarte a la vida cotidiana que antes tenías.

Saber observar seguirá siendo la base del método científico para estudiar todos los fenómenos que nos rodean en el mundo de los negocios y en el económico de todos los países, ya que la economía sufrirá un daño que nunca antes habíamos vivido. En el plano individual también podemos afirmar que saber observar es esencial para la construcción de conocimientos sólidos respecto al mundo que nos rodea, para conocer a los demás y para conocernos a nosotros mismos.

En cuanto a la interacción con otras personas podríamos decir que alguien posee más *inteligencia social* si es capaz de observar bien comportamientos y situaciones, y por tanto hacer hipótesis más acertadas sobre los demás. Observar bien es un prerrequisito para comprender y resolver cualquier problema.

Esto es importante para que aprendas a recabar información y que a través de la observación cuentes con recursos suficientes para tomar tus mejores decisiones.

Observar te permitirá:

- **Recabar información.** Es fundamental para que puedas tener elementos objetivos y no criterios personales, o conclusiones basadas en tu historia y no en el nuevo paradigma y entorno en que viviremos los próximos años.
- **Aprender de otros.** Si aprendes a formar equipos de trabajo para tomar decisiones, podrás aprender del conocimiento de otras personas y de habilidades distintas a las tuyas.
- **Hacer mejores hipótesis.** Tendrás más alternativas y mejores ideas que podrás comparar para tomar la mejor decisión.
- **Ser más objetivos al hacer un análisis crítico.** La objetividad será fundamental para que puedas ver el problema desde una perspectiva más lejana, por ello sepárate del problema y podrás verlo desde una dimensión de perspectiva integral. Verás el bosque en su conjunto y no sólo las hojas de los árboles de tu problema.
- **Resolver problemas.** La solución del problema deberá ser la mejor, la más certera y que no te produzca problemas colaterales que puedan resultar peores que tu problema central. Recuerda que en esta pandemia cometer errores puede ser algo que después no podrás remediar tan fácilmente.

Es muy importante que sepamos realmente a qué nos estamos refiriendo, que podamos ser capaces de *observar bien* y *describir de manera objetiva* lo que ocurre hoy en el campo económico y de los negocios. Esto nos ayudará a aprender y a resolver la nueva realidad a la que tenemos que adaptarnos, porque el entorno habrá cambiado para siempre.

Si la capacidad de observar no se encuentra bien entrenada, es probable que nuestras decisiones se vean afectadas de manera importante.

En todas las profesiones la observación es un elemento crucial para el diagnóstico. Si eres un ejecutivo o un directivo de una empresa, por ejemplo, tendrás más dificultades para analizar problemas, reforzar comportamientos positivos o motivar a los empleados para hacer un cambio radical con el modelo de trabajo actual de *home office* y la comunicación a distancia, ya que el único acercamiento será de tipo tecnológico; sin embargo, hay muchas herramientas para trabajar a distancia y sortear estas dificultades. Una de ellas es aprender a observar, lo cual requiere que tengas información y pensamiento crítico para que puedas deducir analíticamente y no basado en emociones que surgen por el deseo que tienes de cambio o de que las cosas sucedan como tú quieres.

Si no somos capaces de observar y describir de manera objetiva qué pasa, estaremos fallando en la primera fase de la búsqueda de soluciones: no se puede resolver ningún problema si previamente no se ha definido bien.

Entonces, entrenemos la observación posponiendo la necesidad de juzgar lo que observamos o la toma de decisiones apresuradas sin tener suficientes datos para analizar la viabilidad de tus deseos o las decisiones que necesitas tomar. El filósofo chino Confucio ya había advertido que "pensar sin recoger datos es un peligro".

El método de análisis de problemas potenciales

Si quieres garantizar el éxito de tu futuro ante un mundo VUCA como en el que hoy vivimos necesitas tener una estructura mental basada en la prevención para resolver tus problemas, como todos los paranoicos.

Es decir, anticiparte siempre. De lo contrario puedes fracasar por pensar sólo con una actitud mental positiva, pues, como te dije anteriormente, pensar sin tener datos o información es muy peligroso. El análisis de problemas potenciales te permite cuidar cuatro aspectos de un problema posible al que debes enfrentarte ante la incertidumbre.

Los aspectos que debemos analizar son:

1. Qué quiero *obtener*
2. Qué quiero *evitar*
3. Qué voy a *cambiar*
4. Qué quiero mantener y *no perder*

RESULTADOS QUE QUIERO OBTENER	RECURSOS QUE VOY A INVERTIR
RESULTADOS QUE QUIERO EVITAR	RECURSOS QUE QUIERO MANTENER

El éxito en la prevención, entonces, requiere primordialmente cubrir estos cuatro aspectos. Los dos más importantes y que nunca deben fallar son *lo que quieres lograr* y *lo que quieres evitar,* los cuales deben ser analizados y evaluados con todo detenimiento por ti y tu equipo de trabajo. Si te acostumbras a analizar tus problemas potenciales, este modelo reducirá la probabilidad de que te afecten, siempre y cuando te anticipes a los acontecimientos que puedan afectarte al salir de esta etapa de encierro y estancamiento del mercado.

El análisis de problemas antes de que sucedan también puede ayudarte a tomar decisiones inteligentes que no tenías previstas antes.

Es una posición muy inteligente, ya que reduce las probabilidades de que te suceda algo negativo a ti o a tu negocio, y también te permite tomar decisiones para dar una solución a una contingencia, es decir, a algo que puede ser o no ser, de modo que este mecanismo te permite pensar en acciones que tomarías si es que el mercado te afectara, y con ello minimizarías los efectos y reducirías la gravedad que tendrían para ti o para tu negocio.

Las acciones *contingentes* son reductoras del daño de un problema que podría presentarse cuando reactives tu negocio o regreses a tu empleo o a la empresa donde trabajas. En la vida normal, por ejemplo, una acción contingente es cuando decides comprar un seguro de vida para estar cubierto; otra son las estaciones de bomberos, donde están preparados para cualquier situación; también las alarmas contra incendio y los cinturones de seguridad, todos ellos son mecanismos contingentes que están presentes en nuestra vida cotidiana. Pero ante la situación que vivimos hoy, en la que el nivel de incertidumbre es muy elevado, te aconsejo que analices el mercado bajo esa modalidad de pensamiento inteligente, el cual podemos dividir en mente preventiva y mente emprendedora.

Mente preventiva

La mente preventiva es una capacidad con la que contamos todos los seres humanos, producto de la evolución de nuestro cerebro. Gracias a que nuestra mente es imaginativa y visionaria puede anticipar acontecimientos a los que llamamos *problemas potenciales* y elaborar esquemas sistemáticos de análisis de situaciones.

El segundo recurso que tiene nuestra mente y que apoya a la imaginación y a la visión es el pensamiento lógico, analítico y racional, el cual te permite aterrizar lo que visualizas en acciones medibles y cuantificables. Con este modelo de pensamiento puedes poner en acción los mecanismos de protección que ya mencionamos así como anticipar fechas o fórmulas de protección que minimicen el impacto. Ante cualquier cambio nuestra mente activa casi automáticamente la innovación, la creatividad y las múltiples herramientas para visualizar caminos de acción. Esto te permite ser inteligente ante los cambios impredecibles. Cuando activas tu imaginación ante los cambios, comienzas a cultivar tu actitud emprendedora, ya que te instalas en el mundo de la solución y no en los problemas que te pueden afectar por la pandemia o la economía del país.

Mente emprendedora

Cuando la mente actúa ante los cambios, se posiciona en el modo de emprendimiento. Los emprendedores se caracterizan por ser personas que asumen riesgos para resolver sus problemas o para cambiar las estrategias que venían usando por años, y que hoy exigen buscar nuevos caminos.

Las acciones emprendedoras siempre surgen de una percepción de amenaza o acontecimientos en el entorno que demuestran que debes cambiar algún aspecto. Inician con algo pequeño, con una idea, con una detección de pequeños cambios de conducta en el mercado, en el consumidor o en las variables económicas del país. Hoy, por ejemplo, nos cansamos de leer en los periódicos y escuchar en las noticias que la economía entrará a finales de 2020 en una crisis como nunca antes había ocurrido en el país. Consecuentemente tienes que comenzar a usar la mente preventiva, aun si nada te está afectando hoy, ya que el mecanismo de análisis de problemas potenciales te impulsará a mantenerte alerta y a que tomes medidas de protección o de cambio radical, dependiendo en dónde te impacte la crisis que se avecina.

La amenaza que estamos viviendo en estos momentos es doble; por un lado, recibimos el impacto del encierro por tantos meses debido a la cuarentena, lo cual afectó en la economía, y la segunda serán las decisiones que tomen los economistas del país y del mundo, ya que si no son acertadas, pueden afectar nuestra economía personal aún más, independientemente de la pandemia. Es decir, la medicina agravaría más al paciente en vez de curarlo. Por ello debes tener información y claridad de hacia dónde dirigirás tus decisiones, seas un empleado, tengas un negocio o quieras abrir uno.

Cualquiera que sea tu situación, al tomar nuevas decisiones es probable que debas desarrollar habilidades que antes no tenías. Por ejemplo, el mercado se ha ido transformado en un modelo de mercadeo digital. Es decir, la tecnología será la que gobernará el mercado, la forma de atender a los clientes y la forma de trabajar en las empresas. Significa que tendrás que aprender destrezas que antes no necesitabas. Si hoy observas que todos trabajan en *home office* —que como mencioné anteriormente pasó de ser un método laboral usado en 23% del total de todas las actividades a 67% hoy en día, y pronto llegará a 80%—, es porque a corto plazo seremos personas que trabajaremos a larga distancia para impedir un peligroso acercamiento social.

Así pues, tendrás que dominar muchas herramientas tecnológicas que antes te parecían innecesarias y también deberás crear formas de atender y desarrollar tu mercado. Saca provecho de herramientas como Google, Facebook y cientos más que hoy existen, pues deberás aprender a persuadir, vender, resolver y crear nuevas oportunidades con tecnología y a la distancia. Ahora el proceso de persuasión y convencimiento es muy distinto al que se usaba antes, cuando invitabas a todos tus clientes potenciales a una cena, a un coctel de presentación de nuevos productos o a una reunión de lanzamiento espectacular en algún hotel. Ese modelo ya se evaporó. Hoy existen plataformas que hacen eso de forma virtual, tal como si lo estuvieras viviendo en la realidad, y ésa será tu nueva destreza ahora que el acercamiento social está prohibido. Nos cambiaron la señal y las reglas de juego. Por ello es necesario que uses el modelo de análisis de problemas potenciales.

Identificar prioridades y acciones

El análisis de problemas potenciales estará precedido por el análisis de toma de decisiones, para que puedas implementar las acciones correctivas que decidas tomar ante el cambio del entorno. Tal como te mostré anteriormente en la actitud mental ante el caos, tendrás que realizar nuevas acciones para minimizar el impacto de lo que sucede. Esto significa que el nivel de presión que recibas por la pandemia o por el efecto que ésta tenga al finalizar el 2020 en el ámbito económico del país determinará la gravedad de las consecuencias. Sin embargo, no hay duda de que las empresas que están en el mundo de la tecnología serán las privilegiadas y las más beneficiadas, ya que sin importar su tamaño, si están trabajando desde casa o si son grandes corporaciones como Amazon, todas usarán alta tecnología para comunicarse con el mercado.

Como referí anteriormente, el análisis de problemas potenciales tiene una etapa creativa de visión para soluciones y una de estructura y de pasos lógicos que tu gente y toda tu empresa deberán seguir para prevenir los problemas que se avecinan. Veámoslos a continuación:

1. **La definición de la acción a tomar.** Cuando tienes un proyecto en puerta, primero debes definir cuál será la estrategia a seguir, ya sea que cambies algo en tu empresa, que quieras abrir un negocio nuevo o que desees atender nuevos mercados. Cualquiera que sea ésta, primero debes definir tu plan.
2. **Los pasos que vas a dar para comenzar tu proceso de cambio.** Cada uno de los pasos debe tener fechas de acción, para que hagas una cronología de los mismos.
3. **El análisis de riesgos.** Ya que los pasos están definidos, tendrás que analizar los riesgos que conlleva cada uno, puesto que el fracaso de alguno de ellos puede limitar el paso siguiente, y así sucesivamente. Tendrás que identificar cuáles serían las

consecuencias si alguno de los pasos no se cumple de manera satisfactoria, si fracasas en el proceso o si alguno no se ejecuta como habías previsto.

4. **Las acciones preventivas.** Es necesario que te preguntes qué acciones anticipadas debes tomar para minimizar o eliminar el riesgo potencial que identificaste en cada uno de los pasos que vas a dar en tu negocio o en tu trabajo.

5. **La protección del plan original.** De nuevo, debes identificar qué acciones vas a tomar si ocurre algún problema en alguno de los pasos que habías definido en el inciso 2. Estas acciones son contingentes que, como ya vimos, sirven para estar preparado cuando surge alguna eventualidad, para cuando algo no respondió tan bien como querías. Por ejemplo, si tomas una acción con tus clientes y éstos no reaccionan de manera afortunada, debes tener un plan *B* en caso de que rechacen o no respondan como esperabas ante la estrategia que habías planteado. Este paso es muy importante porque anticipas problemas potenciales. Si éstos ocurren, tendrás una protección a tu disposición, y si no ocurren, por lo pronto tu plan estratégico quedará más robustecido con esa acción contingente.

6. **La redefinición del plan más robustecido.** Cuando ya pensaste preventivamente y creaste acciones contingentes, has aplicado el nivel más elevado de tu inteligencia, que es anticipar daños a tu plan. La expresión más elevada de la inteligencia humana es cuando te anticipas sin que aún no haya sucedido nada, que es cuando tu mente está usando inconscientemente el análisis de problemas potenciales, el cual poseemos todos los humanos. De este modo, la combinación de dicho mecanismo con la creatividad te permite visualizar, y la mente racional te permite instalar estrategias contingentes para proteger tu decisión estratégica.

Análisis de problemas potenciales				
Definición de acción que se tomará:				
Pasos del plan	Fechas de aplicación	Riesgos	Acciones preventivas	Redefinición del plan original

Análisis de las oportunidades que se te presenten

Así como debes analizar los problemas potenciales para que no afecten tu vida o negocio, es necesario que, ante la incertidumbre que hoy vivimos y los cambios tan profundos que estamos teniendo, hagas un análisis crítico de la situación y aproveches la oportunidad cuando los demás sólo vean el problema. Aquí se distinguirán los que ven el vaso medio vacío de los que ven el vaso medio lleno. Aquellos que se dejan abrazar por el problema **sólo** verán dificultades y no las oportunidades que siempre existen en todo cambio del entorno, ya sea económico, tecnológico o social, como el que hoy tenemos.

Amenaza y oportunidad

En el idioma chino la palabra *crisis* está constituida por dos silabas, una es amenaza y la otra oportunidad. Así que toda crisis trae consigo una posibilidad de crecimiento.

Te invito a que veas las oportunidades detrás de los problemas. Muchos empresarios lo han hecho y han amasado fortunas al diseñar productos que resolvían un problema para el consumidor o la gente en general. Domino's Pizza, por ejemplo, resolvió el problema de ordenar una pizza y esperar por ella; encontró la oportunidad de entregártela en la puerta de tu casa en menos de 30 minutos en una moto y se hizo millonario. Amazon solucionó el problema para comprar libros: diseñó un algoritmo en un sistema computacional para encontrar libros en cualquier parte del mundo y enviártelos a tu casa en lugar de que tengas que ir a una librería, y se hizo millonario. Cinépolis creó un centro de entretenimiento y se transformó en la empresa de exhibición cinematográfica más grande de México y América Latina. FedEx resolvió el problema de entrega de paquetería del mundo. Uber creó una plataforma digital que evitó al consumidor la inseguridad de tomar taxis en la calle. Netflix encontró la forma de distribuir contenidos audiovisuales sin publicidad, y hoy ha crecido como la espuma. Autofin resolvió el problema de comprar un auto financiado y creó rápidamente. Podría continuar enunciando a muchos de aquellos que vieron la oportunidad al resolver un problema, pero con estos ejemplos se demuestra la idea.

La secuencia lógica para encontrar oportunidades es la siguiente:

1. *Definir la situación* a la que te enfrentas.
2. Identificar las *oportunidades* en esa situación.
3. Identificar el *problema a resolver*, es decir, el beneficio que recibirás tú o los usuarios o clientes.
4. Identificar los pasos de *acción* que tomarás para que sea realidad.
5. *Ordenar los pasos* en forma cronológica de acuerdo con las fechas de inicio y término de cada uno de ellos.

Análisis de oportunidades				
Definición de oportunidad:				
Descripición de la situación	Oportunidades	Problemas a resolver en el mercado	Acciones a tomar	Origen cronológico

Resuelve los problemas que surgieron en el mercado por la pandemia

Todo aquel que tenga que tomar una decisión deberá lidiar con presiones para dar los pasos correctos ante el mundo VUCA que hoy vivimos. Las decisiones en el mundo de los negocios e incluso en tu vida personal son el resultado del uso integral de tu mente, es decir, cuando interconectas tu mente creativa para visualizar los problemas potenciales futuros y la mente racional para estructurar los cinco pasos a seguir como expliqué anteriormente. Pero tu mente tendrá que aprender a clarificar la situación en que vivirás con tu negocio o con tus decisiones para crecer o para construir un negocio propio aun desde tu hogar. A esto le llamo el *análisis de situaciones a enfrentar*, mediante el cual se examinan las causas del problema al que te enfrentarás. Veamos los pasos:

Primero: analiza el problema que identificaste.

Segundo: aprende a estructurar decisiones lógicas.

Tercero: planea la implementación de tus decisiones para asegurar el éxito de tu decisión.

Cuarto: identifica las oportunidades potenciales que tienes para crecer en un mundo digitalizado, ya que la tecnología digital comienza a ser la regla que define el juego de los negocios y de las relaciones con tus clientes y con tu mercado. Las decisiones estarán sustentadas en hipótesis que formules al analizar los problemas potenciales que necesitas resolver para continuar con tu camino al éxito. Toda hipótesis se define para solucionar un problema y describe la forma en que se resolverá el problema potencial que identifiques en un mercado tan complejo como el que vamos a tener en 2021. Todas las hipótesis que plantees sobre cómo resolver los problemas que se avecinan, ya sean económicos, de mercado o de incorporación de tecnología digital para implementar marketing que te relacione con los clientes y para que conquistes nuevos, deben responder a las siguientes preguntas:

- ¿Qué quiero lograr?
- ¿Dónde lo voy a implementar?
- ¿Cuándo lo llevaré a cabo?
- ¿Cuál será el resultado final al instalar el cambio que haré en mi negocio o en mi vida personal en el nuevo mundo digital?

Como puedes ver, el análisis de problemas potenciales así como el de oportunidades son mecanismos racionales que te permiten anticiparte a eventos. Lo mismo sucede con el uso racional, lógico y analítico al que hice referencia con la escuela de los estoicos. También te compartí la forma en que el genio detective Sherlock Holmes hacía uso del pensamiento crítico para sacar conclusiones y obtener soluciones o causas de problemas que se presentaban, y así deducir la solución del caso que estaba analizando y queriendo resolver. Así debe operar tu mente a partir de esta pandemia, si quieres anticiparte y resolver los múltiples problemas que se presentan hoy.

10

El reto del cambio

Tú tienes hoy dos caminos: ser uno de aquellos que generan
el cambio o no cambiar ahora y esperar. De cualquier forma
el cambio para ti será inevitable.
BRIAN CRISTIANO

Como vimos en el capítulo anterior, para resolver los problemas potenciales que se avecinan en 2021 deberás aprender a pensar racionalmente siguiendo los preceptos de la escuela estoica griega, aplicando el método científico de Sherlock Holmes y poniendo en práctica el análisis de problemas potenciales. La combinación de todos ellos te permitirá emprender acciones correctivas de problemas a los que te enfrentarás en este mundo digital de alta tecnología y que te dará pauta para conquistar el mundo comercial o construir tu propio negocio digital. Deberás estar listo para enfrentarte al cambio, con el propósito de que puedas responder rápidamente a los retos.

A continuación te enlisto los cinco pasos que deberás realizar cuando entres a la etapa del cambio, después de que apliques los métodos racionales de análisis de situación. Éstos te ayudarán a adaptarte exitosamente a la nueva realidad de este mundo que cambió para siempre y que no regresará a lo que estábamos acostumbrados, por lo menos a mediano plazo.

1. Modifica viejos paradigmas.
2. Crea condiciones para innovar.
3. Anticípate a la resistencia al cambio.
4. Aprende a motivar o automotivarte ante el cambio.
5. Construye nuevas actitudes ante un mundo radicalmente diferente.

Ahora bien, para tener éxito ante los cambios que vas a realizar hoy, debes de:

1. Esperar lo mejor en lugar de tener temor a lo peor.
2. Cultivar una actitud positiva en lugar de conductas negativas.
3. Tener pensamientos constructivos en lugar de emociones que te limiten.
4. Visualizar oportunidades en lugar de ver los obstáculos.
5. Moverte proactivamente hacia adelante y no inmovilizarte.
6. Ser un beneficiado en lugar de ser una víctima del cambio.

El futuro se nos adelantó

El futuro llegó tan rápido que se nos esfumó de las manos, junto con todo lo que habíamos aprendido y dominado por años. Muchos continuamos extrañando lo que teníamos, pero eso ya no regresará, porque el mundo digital tomó el control del mundo y tendrás que aprender a realizar lo mismo pero con distintas habilidades en tu trabajo y en tu interacción con el entorno.

Estamos viviendo una realidad que se parece mucho a la de aquel libro tan famoso de los años ochenta titulado *Quién se ha llevado mi queso*. Ese libro, para aquellos que no lo conocen, contaba la historia de unos ratoncitos acostumbrados a comer el queso que tenían almacenado en una bodega. Hasta que un día ya no hubo más queso y tuvieron que cambiar sus actitudes, salir de su zona de confort y ponerse a buscar más alimento. Así estamos todos hoy, en busca del nuevo queso. En ese relato, a manera de parábola, se explica la dificultad de los cambios y la limitación que nos imponen los hábitos viejos que por años hemos mantenido cómodamente. Intenta decirnos que tenemos que salir de la zona de confort porque habrá decisiones que no nos lleven a nada y otras que nos conducirán al éxito, es decir, necesitamos encontrar nuestro nuevo queso. Te recomiendo que lo leas.

Por lo pronto, lo que sí tenemos claro es que, como dijo Einstein, no puedes esperar resultados diferentes haciendo siempre lo mismo. El cambio para ti en lo personal será drástico, profundo y con muchos retos. Pero la oportunidad está en tu actitud proactiva, a través del estudio y la comprensión del nuevo entorno con los métodos que ya hemos revisado.

Hoy el queso se nos fue, se lo llevó el coronavirus, aquel que construimos durante tantos años de actividad y de trabajo. Y ya ni siquiera es posible pensar en el queso que nos ilusionaba tener algún día, pues el nuevo estará inmerso en el mundo de la tecnología. Es decir, el cambio al que te enfrentas consiste en encontrar una mejor solución que la que tenías ante tus ojos. Para ello debes formularte las siguientes 10 preguntas que te ayudarán en el proceso de reflexión:

1. Describe cuál es el cambio que debes enfrentar hoy.
2. ¿Cómo te sientes ante la situación a la que te enfrentas?
3. ¿Consideras que esta situación que vives hoy cambiará en tu beneficio?
4. ¿Cómo te motivarás para que no te des por vencido en el intento?
5. ¿Qué cambio realizarás y cómo será tu nueva realidad de vida?
6. ¿Hacia dónde debes mirar para encontrar tu nueva oportunidad?
7. ¿Cuál es tu preocupación más importante en el cambio que harás?
8. ¿Qué no debes dejar de hacer para que tu cambio se realice?

9. Describe positivamente lo que ganarás con el cambio que realizarás.

10. Describe cómo te visualizas viviendo con el cambio que elegirás para tu vida.

11

La cuarta revolución industrial (4.0)

El mundo cambió para siempre a partir de la pandemia, nos empujó a trabajar a marcha forzada de la mano con la tecnología. El *home office* llegó para quedarse mientras sea obligatorio el distanciamiento social, y la tecnología será la que sustituya ese alejamiento.

Antes de la pandemia, las tendencias apuntaban a que estábamos entrando en la cuarta revolución industrial, que en Estados Unidos se denominó el modelo 4.0 de la modalidad de vida. Esto nos indica que estábamos entrando a un nuevo mundo de perfil tecnológico. El 4.0 es el mundo de la tecnología, de la digitalización, del internet de las cosas; es decir, toda nuestra vida empresarial y personal, incluso nuestro hogar, estará interconectada. Así nos venían anticipando. Nos decían que el mundo digital sería otra de las constantes, así como la robótica.

Hace algunos años, en uno de mis viajes de asesoría conocí a un ingeniero noruego que dirige una planta en su país. Comenzamos a hablar del tema de la tecnología y me comentó: "Yo siempre llevo conmigo mi tablet, ya que desde aquí puedo tomar decisiones en los procesos de producción de crudo en mi país". Es decir, ya había indicios de que la tecnología estaba permeando en los países desarrollados y en el quehacer diario.

Sin embargo, la propagación de la pandemia nos adelantó el futuro sin pedir permiso. Fuimos empujados sorpresivamente y sin ninguna sensibilización previa a que nos quedáramos en casa para realizar nuestro trabajo y manejar el futuro de nuestras actividades, ya sea trabajo o educación.

Las cuatro revoluciones industriales

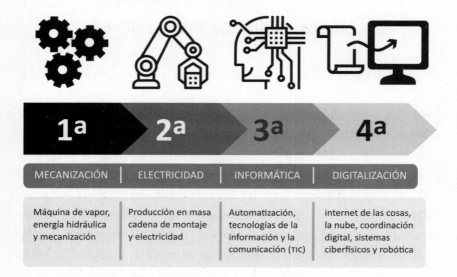

MECANIZACIÓN	ELECTRICIDAD	INFORMÁTICA	DIGITALIZACIÓN
Máquina de vapor, energía hidráulica y mecanización	Producción en masa cadena de montaje y electricidad	Automatización, tecnologías de la información y la comunicación (TIC)	internet de las cosas, la nube, coordinación digital, sistemas ciberfísicos y robótica

Primera revolución industrial

Fue la mecanización que surgió al pasar de la economía rural a la industrial. Se utilizó en el mundo de la explotación petrolera, con presencia de máquinas de vapor, etcétera.

Segunda revolución industrial

Ocurrió con la automatización de los procesos de producción; el ejemplo más claro fue la producción en línea, creada por Henry Ford. Aquí entramos a la producción en masa y se instauraron las cadenas de montaje de productos.

Tercera revolución industrial

Surge la robótica aplicada a los procesos de producción y automatización.

Cuarta revolución industrial

Es en la que hoy entramos agresivamente. Muchas empresas y hogares aún no están acondicionados para trabajar desde casa, ya que en la mayoría no se tienen los cableados, el equipo, las instalaciones adecuadas o tecnología de comunicación instalados. Las empresas de tecnología hoy están teniendo una demanda enorme de nuevas instalaciones para empresas grandes y pequeñas, que les permitan interactuar con el resto del país y del mundo. Esto está siendo muy beneficioso para ellas; son las ganadoras de esta nueva realidad que vivimos.

La quinta revolución industrial

Será la de la inteligencia artificial, que pronto explotará vertiginosamente. La pandemia está haciendo trabajar a marcha forzada a varias empresas y a ingenieros para inventar robots que se desempeñen en actividades de alto contacto humano, para que lleven a cabo actividades repetitivas y de alto acercamiento social. También se emplearán en los procesos de producción en masa. La inteligencia artificial será un cambio profundo para el mundo, ya que muchos de nuestros trabajos serán reemplazados, ya no tendrán razón de existir porque estos robots inteligentes se integrarán a la actividad productiva.

Efectos de la cuarta revolución industrial

La cuarta revolución industrial está desafiando los viejos modelos de negocio y presentando opciones estratégicas que mejoran la eficiencia de las empresas y los negocios, sin importar su tamaño o tipo de industria. Mientras tanto, en el mercado los clientes valoran y esperan una interacción personalizada e individualizada para que los productos que adquieren lleguen a su hogar, como y cuando ellos determinen.

De esta manera, para que las empresas logren crecimiento en la era de la cuarta revolución industrial, requerirán de innovación para lanzar al mercado nuevos productos que integren alta tecnología, velocidad, eficiencia y productividad, así como nuevos modelos comerciales que revolucionen la forma de atender a un cliente conectado en línea y digitalizado.

No hay duda de que existen grandes beneficios con esta revolución, pero significan cambios profundos en la forma en que los procesos de producción se realizan, así como las actividades administrativas y comerciales de cuello blanco, que serán impactadas porque muchas profesiones se sustituirán por tecnología y por computadoras inteligentes.

El mercado hoy exige velocidad, calidad, eficiencia, del modo en que el cliente lo pide, es decir, productos a la medida, individualizados y a bajo costo, y eso se logra sólo con alta tecnología y automatización.

La robótica, como una de las ramas más innovadoras del ámbito de la ingeniería, invadirá todos los campos de las actividades productivas y de contacto masivo con personas, y ni hablar de la medicina en todos sus aspectos. Se espera que la nanotecnología, la inteligencia artificial, los drones y las impresoras 3D sean cruciales para la producción, manufactura y comunicación en zonas donde antes no se podía ingresar; aquí sobre todo los drones serán clave.

El internet de las cosas, la robótica, los dispositivos interconectados e interdependientes, la automatización, las industrias inteligentes y el marketing digital son algunos de los elementos que suponen la base de la cuarta revolución industrial y que cada día adquieren mayor presencia en nuestra vida, al grado de que se han vuelto una necesidad; sin embargo, no podemos dar por hecho que se encuentren consolidados.

El impacto en los empleos

En el mercado laboral el impacto será muy importante. Según analistas, se perderán 5 millones de puestos de trabajo en 15 países industrializados en los próximos años, como consecuencia de la robotización y mecanización de las tareas. La incertidumbre será enorme para muchos trabajadores que serán sustituidos por el mundo de la robótica y la automatización de los procesos productivos. Especialmente podrá aumentar el desempleo en sectores vinculados con mano de obra no cualificada y cuyas tareas son más mecánicas y manuales, así como los que trabajan en actividades de tipo administrativo.

Esta nueva etapa de la industria apuesta por una mayor automatización, conectividad y globalización. Son los avances tecnológicos que nos permiten optimizar los procesos de fabricación, su supervisión e integración con otros procesos y sistemas utilizados en planta.

Vivimos en una revolución industrial que consiste en la fusión de los planos físico y digital, favoreciendo la presentación de la información en un formato comprensible para todos los usuarios, promoviendo la colaboración reforzada y el uso compartido de datos. Se trata del internet como base de interconexión y las implicaciones que esto supone en cuanto a la facilidad de acceso a la información. Cabe esperar que la industria 4.0 impacte de alguna forma en la sociedad, la economía y la política, pues el acceso a la información casi instantánea nos vuelve más exigentes. Además, las decisiones ahora se toman de forma más rápida y eficiente.

Nuestro entorno ya es más inteligente y nos plantea muchas oportunidades. Por ejemplo, la creación de nuevos productos inteligentes para el hogar, que presentan valor agregado e impactan en la sociedad. Por supuesto, la revolución industrial también modifica el perfil de recursos humanos que se van a necesitar en las nuevas fábricas.

Lo que importa es que no te quedes atrás y te prepares para la cuarta revolución industrial.

Sin embargo, el gran reto para las empresas y los negocios o para los emprendedores que inician su vida como empresarios no está en tener una tecnología de punta, la mayor dificultad está en saber integrar el cambio en las personas y en los procesos.

El *home office* no es para todos

Quise escribir unas breves reflexiones sobre los que hacen *home office*, y para ello consulté a varios profesionales en la materia. Principalmente escuché a mi sobrina, que desde hace más de 11 años trabaja de esta forma. No es nada nuevo para ella y no le impide desarrollar su capacidad al máximo. Aquí te dejo lo que aprendí.

Muchas empresas están impulsando a sus empleados a integrarse a esta actividad dadas las circunstancias. En Latinoamérica el *home office* no es un método laboral muy permitido porque la mayoría de los jefes suele creer que la gente no trabajará, que estará más cerca del refrigerador que de su trabajo, que si no está el jefe los empleados se distraerán. Hasta tenemos el dicho tradicional que refuerza ese pensamiento: "El ojo del amo engorda el caballo". En nuestra cultura el jefe debe estar como un águila vigilando todo el día a sus empleados, llamándoles por teléfono o enviándoles correos.

Algo de cierto hay en esto porque no toda la gente es apta para ese tipo de trabajo, ya que se necesita disciplina, responsabilidad, ética laboral y una autosupervisión bien estructurada. Pero los jefes también deben poner de su parte al aprender a construir confianza con su equipo para no perder su tiempo en vigilarlos constantemente. Por ello los líderes necesitan tener una agenda de pendientes, y en cada comunicación hablar de los temas puntuales para que no caigan en el olvido. Si un jefe estuviera acosando todo el tiempo con un exceso de correos o llamadas, se parecería más a un vigilante que a un líder.

Veamos algunas de las características del trabajo remoto:

- **Rutina.** Establecer una rutina para comenzar el día es muy importante. Para trabajar en *home office* hay que hacer una agenda y llevarla a cabo. Necesitas saber qué vas a hacer en todo tu horario laboral, por ejemplo: bañarte y arreglarte antes de empezar a trabajar, y no quedarte en pijama todo el día. También debes desayunar y establecer una hora para comer, ya que es muy fácil caer en el vicio de saltarte alguna comida. Debido a que en casa hay más distracciones que en una oficina normal, para que haya más productividad es necesario definir actividades y horarios, y respetarlos. Eso restringirá las llamadas antes del inicio del día, o en horarios de comida e incluso después de horas de trabajo. Te aconsejo que hagas un calendario de actividades, de horarios de comida y descansos. De esa manera puedes registrar las fechas y horas de las juntas, podrás comer siempre a la misma hora y evitarás llamadas en momentos inoportunos.

- **Tiempo.** Como no pierdes el tiempo en transportarte a la oficina, ni en las comidas de la empresa, en pláticas de pasillo o salidas a fumar, eso ha hecho que muchos no se despeguen de su computadora y sean más productivos. Sin embargo, para otros estar en casa es motivo de distracción, así que si sales a pasear al perro, no te tomes una hora; si vas al dentista o de compras al supermercado, debes cuidar que el trabajo no quede relegado. Tener un calendario que administre tu tiempo te ayudará a llevar un mejor balance entre trabajo y vida personal. El hecho de que estés en tu casa no significa que estés disponible en cualquier horario para hablar de trabajo. Es aconsejable que exista esa separación del trabajo y la vida personal. Muchos trabajan más de ocho horas si no tienen rutinas establecidas, y a otros les cuesta cumplir con ellas.

Es necesario que informes de salidas o que no estarás disponible en alguna hora, ya sea porque llevas a tu hijo a algún evento, tienes una cita médica o cualquier otro motivo de importancia. La disciplina es muy importante, no puedes hacer lo que va surgiendo en el día, sino que debe haber rutinas y disciplinas definidas por tus jefes.

- **Espacio físico.** Ya que por lo general en el hogar no hay un espacio físico que delimite la casa de la "oficina virtual", es esencial definir un área de trabajo. Por ejemplo, evita estar en el comedor, donde luego tendrás que mover todo porque vas a comer. Tampoco es recomendable poner tu computadora en tu recámara, ya que en las noches no descansarás si tienes algún pendiente, pues la computadora a la vista hará que te levantes a escribir mails. Aun si no tienes mucho espacio en tu casa, debes encontrar un lugar fijo, por pequeño que sea, para que no interfiera con tu vida cotidiana.

Comunicación en línea. Comunicarte por escrito con otra persona es difícil, porque cuando no le ves la cara, no oyes sus expresiones ni el tono de su voz, su intención puede malinterpretarse. Así que cuida tu lenguaje para evitar malos entendidos. Es mejor hacer una llamada por teléfono o videollamada para aclaraciones. No escribas tus correos en un tono que aparente que estás enfadado. Estar solo frente tu computadora te limita a pedir una opinión, luego de escribir ya no hay marcha atrás y puede desencadenarse un malentendido.

- **Comunicación continua (total, no fragmentada).** Debes ser flexible en tu comunicación y en las diversas formas de trabajar, eso te permite no enfadarte ni estresarte. Desarrolla el hábito de la información total o sobreinformar, que consiste en dar el informe completo de tus pendientes y actividades en las que estás trabajando. Cuando tengas juntas telefónicas o por videollamada es necesario que desarrolles esa costumbre y disciplina de proporcionar información completa, total o complementaria. Antes cuando estabas en una oficina, con sólo voltear consultabas con un colega; hoy eso se hace con una llamada, un correo o por chat. Tener ese hábito indica que sí estás trabajando y no perdiendo tu tiempo, y que tienes la disciplina de dar seguimiento a las cosas. Esto ayuda tanto a los jefes como a colegas y colaboradores directos, si tienes.

Para los novatos esta modalidad de *home office* al inicio les puede parecer difícil, ya sea porque no socializan con sus compañeros de trabajo, porque disfrutaban el camino hacia la oficina, porque en casa se sienten encerrados o porque no les gusta estar solos sin su grupo de compañeros. En definitiva, hay mucha gente que no está hecha para este estilo de trabajo y esto les afecta a nivel mental y emocional. Por ello el equilibrio al hacer espacio entre el trabajo y el descanso es fundamental, así como ponerte límites y rutinas. La disciplina y el orden son la clave en este tipo de trabajo.

12

Las vertiginosas tendencias de hoy

En un entorno con tantos cambios no puedes estar poniendo parches en todos lados cuando encuentras un nuevo problema. Porque en un cambio tan radical, éstos exceden tu capacidad para resolverlos todos a la vez. Llegó el momento en que debes pensar cómo cambiar tu negocio y la forma en que te comportas con tus clientes, tu mercado y tus consumidores.

La idea es hacer un cambio profundo, pero que no te trates de multiplicar en mil pedazos para poder resolver el impacto de este cambio que te golpea hoy. El inversionista Warren Buffet dice: "Cuando el barco tiene agua por todos lados, es mejor cambiar de barco que andar tapando los agujeros que se le están haciendo". Quiere decir que si la crisis te está impactando de forma severa, en lugar de hacer algo nuevo para solucionar los problemas diarios, es mejor cambiar la orientación de tu negocio.

La realidad es que en la mayoría de los negocios las inversiones se han reducido significativamente, y no hay duda de que esto impacta en la demanda y afecta la creación de empleos. Las empresas han frenado sus inversiones, excepto en los aspectos tecnológicos, para comunicarse con el nuevo mercado. La radio y la televisión han disminuido sus ingresos, las empresas no están interesadas en hacer promoción y el consumidor en general ha disminuido también su consumo.

La industria del entretenimiento podría tomar aún más tiempo en recuperar el nivel que tenía en 2019.

La recuperación tomará de dos a tres años para estar en el nivel que teníamos antes de 2020. Necesitas documentarte sobre las tendencias económicas y las inversiones que hará el país, para que puedas tomar mejores decisiones. No importa si tú tienes una empresa grande o pequeña, la recuperación tomará aproximadamente tres años para alcanzar el nivel que tenía antes de la pandemia. Y esperemos que esto no sea sólo la punta del iceberg.

Si no te mueves rápido para hacer los cambios necesarios e integrar tecnología en tu negocio, puede irte muy mal. La incertidumbre hoy es enorme, y el mayor problema es que el mercado no volverá tan fácil al nivel en que estuvimos. Algunos creen ingenuamente que cuando regresemos a nuestros trabajos y todo se normalice la dinámica económica será como antes. Eso nunca sucederá. El mundo tecnológico creará otra cara del mercado.

El consumidor seguirá comportándose de forma muy cautelosa y errática, pues el temor de lo que pudiera suceder hace que psicológicamente no se arriesgue. Continuará siendo muy precavido en sus gastos. Pocos serán a los que no les importe, pero la mayoría no se comportará así. La psicología del consumidor y de los clientes cambiará radicalmente.

Las compañías aéreas han contemplado este punto, por lo que no esperan una recuperación rápida ni que los clientes tomen aviones como lo hacían antes. Los restaurantes tendrán el mismo problema. Estamos en una economía mundial distinta que no regresará a lo que antes era.

Todo esto significa que debes estar abierto a nuevas ideas. Deberás preguntarte: ¿Qué haré en la nueva economía?

Ten cuidado de no simplificar la situación que vivimos o minimizar el impacto que tendrá; no sólo pienses con actitud mental positiva sin analizar los datos duros de la tendencia económica y del impacto que tendrá en tu tipo de mercado. Necesitas moverte muy rápido, actuar de inmediato, no esperes. Debes digitalizarte y ser enormemente creativo y visionario. Espero que apliques los métodos que te describí y que tu mente preventiva te haga tomar decisiones inteligentes y muy distintas de la que estabas habituado.

La digitalización pondrá en peligro los canales tradicionales de distribución

¿Eres distribuidor, mayorista, representante de líneas de productos o intermediario en comercialización? Ten cuidado, porque la digitalización y el marketing digital crearon un espacio para estimular a los productores, vender directamente al consumidor y entregarle el producto en su casa. La tendencia es que se incrementará progresivamente la venta directa del fabricante al consumidor.

Por ejemplo, Disney decide estrenar un *remake* de *Mulán* en su propia plataforma de *streaming* (Disney+), tomando por sorpresa a la industria cinematográfica. Se brincó a todos los cines y rompió con el tradicional sistema de distribución. Esto es una muestra de la tendencia que están siguiendo los negocios. *Mulán* iba a proyectarse mundialmente en marzo de este año, pero salió al mercado a 29.99 dólares, además de los siete dólares mensuales que pagas de suscripción. La plataforma estará lista para Latinoamérica en el mes de noviembre.

Otras empresas como Tesla, Apple, Burberry, Rolls-Royce y Louis Vuitton venderán directamente al cliente.

Cines, tiendas, comercios, agencias de autos, supermercados, centros comerciales y demás ven el peligro de que sus proveedores vayan directo al cliente. No me extrañaría que los laboratorios médicos comenzaran a vender directamente a los pacientes de los doctores. La ventaja competitiva que tenían los distribuidores está perdiendo fuerza con el uso de la tecnología digital y estrategias de mercadeo a través de internet, que está transformando al proveedor en competidor, pues le da la oportunidad de estar en comunicación directa con el consumidor. Los productores se ahorran así porcentajes que tenían asignados a su red, más los costos de operación y comercialización que antes utilizaban.

* * *

En el futuro, el que tenga el control del consumidor final tendrá el control del mercado, y los distribuidores tradicionales que tenían a los clientes cautivos por años irán perdiendo con el tiempo esa capacidad si no se tecnifican pronto. Incluso Amazon o Mercado Libre poco a poco comenzarán a contar con marcas propias. No será extraño que Uber Eats, Rappi y DiDi Food, puedan tener sus propios restaurantes al estilo *dark kitchen*, o restaurantes a puerta cerrada. Ya iremos viendo cómo aquellos que sean capaces de entregar directamente al hogar o en oficinas tendrán una ventaja competitiva.

Se está debilitando la época de aquel que sólo producía y otros distribuían, las reglas están cambiando. Hoy el control lo tendrá el que esté en contacto con el usuario o consumidor. Sin embargo, será necesaria la precaución como país, ya que el mundo de la tecnología destruirá fronteras entre naciones (que ya hemos visto con muchos productos). Nosotros como país podemos ser invadidos por productos extranjeros que entreguen directamente al consumidor. Hoy Amazon y Alibaba lo están haciendo, entregándote productos de otros países en tu puerta. Este cambio también puede afectar la economía nacional, si es que no aprendemos a producir productos que puedan competir con países desarrollados y entregar rápido, a bajo costo y de manera eficiente. La tecnología llegó para hacer temblar la cadena de distribución que por años se fue consolidando en los mercados.

El aumento en la tendencia a entregar directamente, llamada también distribución cero, ha sido más viable en los productos industriales y servicios que en los productos de consumo. El internet ha hecho que la venta de bienes y servicios se esté incrementando sustancialmente y pase de ser una actividad marginal a tener un poder mayor dentro del sistema de distribución. Cada día es más atractiva la venta directa al consumidor sin tener que utilizar los canales tradicionales de distribución.

Este crecimiento ocurre porque para un fabricante es más fácil diagnosticar los cambios del consumidor o nuevas necesidades. Así, le será más fácil hacer cambios rápidos en los productos o servicios, ya que no tiene que estar convenciendo al canal de distribución para que modifique su modalidad de ventas o su sistema comercial para acercarse al cliente de forma distinta, de ser necesario. Significa que el fabricante tendrá el control total del marketing, y más aún si el canal de distribución o los revendedores tienen muchos niveles hacia abajo antes de llegar al usuario o consumidor final. Al productor le es más rápido controlar los cambios que necesita el mercado. También le permitirá encontrar canales alternativos para venta de otros productos, y la tecnología le permitirá llegar a zonas lejanas que hoy no son atractivas para un distribuidor.

Si lo reflexionamos, los beneficios son muy evidentes, puesto que el fabricante no necesita instalaciones muy costosas, podrá mantener un inventario más controlado y eficiente, reduciendo costos y la posibilidad de tener una comunicación constante, más rápida y cercana con el consumidor. Este proceso irá evolucionando, ya que en este momento no todos cuentan con la tecnología para comercializar en línea, y muchos consumidores no confían en las transacciones a distancia, pero el proceso de confianza y credibilidad en la venta en línea está avanzando a pasos agigantados dada la situación que hoy vivimos.

Así pues, aquellos distribuidores y mayoristas que digitalicen su negocio y tengan tecnología de punta para atender rápido el mercado,

a bajo costo y con alta eficiencia correrán menos peligro de ser sustituidos por una venta directa del fabricante o el mayorista distribuidor
del país. Empresas de desarrollo de tecnología están creando sistemas
para pymes que les permitan integrar tecnología en sus procesos y
en la relación con sus clientes, y no queden rezagadas ni opacadas
por las grandes empresas. El mundo comercial nunca más será como
lo conocemos. "Cuando las barbas de tu vecino veas afeitar, pon las
tuyas a remojar", dice el dicho, e invierte en reinventar tu negocio con
tecnología o todos tus años de esfuerzo se podrán desvanecer.

Blockchain

El sistema de almacenamiento de datos y automatización llamado
blockchain se está fortaleciendo cada día más por su solidez y seguridad en el manejo de la información. Este sistema te permite automati-
zar procesos de datos, desde las compras o transacciones por internet
hasta la facilidad de que dicha información pueda estar a disposición
en cualquier parte del mundo. Por ejemplo, si compras un producto
que tiene origen en China, este sistema permite tener información del
comprador y del proveedor en el punto de origen, si es que se requiere.
En suma, nos permite tener información globalizada y que puede ser
automatizada para futuras transacciones. El sistema de información
que procesa el *blockchain* te permitirá usarlo como tu plataforma para
que el consumidor haga el pedido y procesarlo para ser entregado
donde tú digas.

Todo estará al alcance de cualquier empresario que quiera usar
esa tecnología *blockchain* para comercializar sus productos y entre-
garlos en un hogar u oficina. El fortalecimiento de las transacciones
digitalizadas irá rompiendo con la cadena de valor de los viejos inter-
mediarios. Todas las empresas, como Uber o un banco, podrán ser
administradas en línea de modo mucho más generalizado que hoy.

Por ejemplo, el *bitcoin* administra su información mediante este sistema en el mundo.

Así como alguna vez pasamos de la época agrícola a la industrial, hoy estamos pasando de la época industrial a una era digital, con tecnologías que funcionan interdependientemente. No significa que entremos a la era de "cero" intermediación, pero ésta se irá acotando en la medida en que el consumidor se interese por comprar más en línea. De lo que sí debemos estar conscientes es que el nuevo paradigma de venta directa al consumido aumentará considerablemente, ése es un hecho indiscutible. Muchos tendrán que comenzar a repensar su sistema de comercialización o la naturaleza de su negocio.

La nueva clase de consumidor élite: *súper/plus*

Si antes los productos de lujo eran importantes porque te hacían lucir bien ante los demás, hoy con el distanciamiento social y el peligro de contaminarte surgirá una clase de consumidores que pueden pagar lo que sea por tener, hacer o viajar de una forma distinta a lo que estábamos acostumbrados. Ya no puedes lucir tu ego entre el mercado masivo de personas normales de la calle o en reuniones sociales comunes.

El marketing digital tiene la peculiaridad de que el costo de los productos baja radicalmente, entonces las empresas podrán elevar la calidad y el estilo de éstos y ofrecerte compras de lujo gracias a que los costos de operación e insumos se reducirán considerablemente. Por ejemplo, si antes te gastabas 1 000 pesos por persona en una cena en un restaurante de lujo, ese negocio ya no tendrá los enormes costos de operación y podrá darte una mejor comida y un estilo superior de servicio. Podrá hacer promociones y darte caviar por el precio de un buen bistec de primera. Seguramente podrían nacer las compañías aéreas y navieras con una sola clase: la *súper premier*, para que sólo viajen pocas personas con la separación y el lujo que se les antoje.

No habrá salas de espera, no tendrán que hacer filas ni viajar con otras 100 personas. Es decir, cientos de mejoras para la clase de *primera plus*. Los hoteles boutique tendrán espacios más amplios con menos gente. Barcos de turismo para un grupo de 100 personas más amplios y espaciosos.

También creo que crecerá un segmento de *súper elite* dispuesto a pagar por tener baja densidad de usuarios y comodidad. Considero que habrá un nivel superior y el resto de los niveles vivirán aglomerados, aunque un poco más separados que hoy. Pero puedo predecir que habrá una nueva clase de consumidor *súper class* de todo lo que se nos pueda imaginar, o sea, aquel que pueda pagar por la exclusividad.

Te invito a que pienses en tu negocio y te imagines las oportunidades que tendrías de ofrecer lo "excesivamente" exclusivo, lo mejor de lo mejor, con tal de darle al cliente la opción de evitar a cientos de personas para alejarse del tumulto o comprar lo inimaginable. Ya hemos visto varias películas de Hollywood que han mostrado que habrá zonas donde la gran masa de gente vivirá de una manera distinta a la élite de la población. Quizás este concepto del consumidor élite tome más tiempo en definirse, pero la tendencia existirá.

13

Los nuevos emprendedores del mundo VUCA

Para que te animes a iniciar tu negocio debes ser una persona con la capacidad de manejar la incertidumbre del mundo VUCA en que vivimos y los imprevistos a los que te enfrentarás, ya que no tienes antecedentes ni suficiente experiencia en este aspecto. Pero la tenacidad, el enfoque y la perseverancia serán las claves para que puedas enfrentar esta economía tan dañada por el encierro, que ha paralizado a todos los países y causado estragos en las economías del mundo. Asimismo, debes documentarte y estar listo para pelear por tu propósito, a pesar de la actitud pasiva y cautelosa que asumirán los consumidores, que también han sido afectados por un mercado estancado durante tanto tiempo.

Esto tendrá un impacto directo en el volumen del consumo y del flujo de efectivo que habrá en el mercado durante la pandemia. Se espera que exista un crecimiento lento y austero a partir del segundo semestre de 2021. Por estas razones es que decidí incluirte dos consejos que pueden ser clave si has decidido arriesgarte e iniciar tu independencia económica. El primero está relacionado con los tipos de producto que quieres vender, y el segundo está enfocado en identificar el mercado objetivo al cual quieres atender.

Pero sobre todo te invito a que te dediques a algo que domines o te apasione. Aquello en lo que tengas bases para que puedas tomar decisiones con mayor certidumbre.

Primer consejo: definición del tipo de productos que vas a vender

Perfil de productos que podrían tener más éxito

Si vas a iniciar un negocio teniendo conciencia de que el mercado estará contraído, que el consumidor buscará lo mejor al precio más bajo y muchos querrán que les entregues su pedido directamente en su casa y sin costo, tendrás que ser muy certero en el tipo de producto que vas a promover. Es preferible que sea de necesidad básica y permanente o recurrente. Te sugiero que inicies con un producto que tenga mínimo cuatro características que te permitan crecer lo más rápido posible y puedas desarrollar una cartera de clientes sólida y repetitiva, ya que hay productos que requieren de un sacrificio mayor en marketing y su evolución es más lenta y exige de una inversión mayor de capital de riesgo. Por ello la idea es que inicies con un producto que tenga un perfil más accesible y sea más fácil de penetrar en el mercado, con la menor inversión posible, pues en las etapas de arranque de un negocio la falta de capital es la característica común que enfrenta un emprendedor. Te aconsejo que regreses al segmento del capítulo 5 donde te menciono los giros de negocios que pueden verse más beneficiados en esta época y aquellos que son muy exitosos para vender en línea, para que puedas pensar en ellos también cuando vayas a seleccionar el tipo de producto y negocio que te gustaría emprender.

Veamos a continuación el perfil de los productos con más éxito en un entorno de incertidumbre.

1. **Producto masivo.** Es decir, que el producto pueda ser usado o consumido por la mayor cantidad de gente posible. Que no esté dirigido a hombres, mujeres, niños o adultos en particular. Que sea un producto que pueda usar o consumir el mayor número de personas sin un perfil específico, desde un niño hasta

personas adultas, sin importar sexo o edad. Esto te permitirá integrar la mayor cantidad de mercado posible. Cuanto más grande sea tu mercado objetivo, mejor será la oportunidad de vender y promover. Muchos productos alimenticios, de salud o actividades físicas actualmente se caracterizan por formar parte de este tipo de consumo.

CARACTERÍSTICAS DE LOS PRODUCTOS CON MÁS ÉXITO

2. **Producto de venta repetitiva.** Deberás tener preferencia por un producto del que el cliente sea cautivo. Es decir, que el cliente sea repetitivo y consuma lo que vendes con regularidad. Por ejemplo, las impresoras tienen esa característica, el cliente debe comprar los consumibles casi cada dos meses. De esta forma tienes un cliente que dependerá de ti y consumirá durante todo el año. Un producto de venta repetitiva es el ideal para consolidar lo antes posible una cartera que irá en aumento en la medida que aumentes tu número de compradores. Esto te garantiza un flujo de efectivo más consistente que con productos que pueden ser consumidos o usados una o dos veces al año, o cada tres años, como hay muchos.

3. **Producto diferenciado.** Debes buscar un producto que tenga algo único y distintivo. Si el producto tiene características que muy pocos poseen en el mercado, eso lo hará ver como algo único y la gente lo preferirá por encima de los demás. Debes tener un producto que además pueda ser competitivo en precio. Si tienes buen precio y un producto con el que pocos cuentan, y es evidente su eficiencia o su calidad, los clientes tendrán preferencia por él. Recuerda que en esta época los consumidores buscarán un producto cuyo precio no sea elevado, además de que sea muy bueno y eficiente. El mercado estará focalizado en el precio, ya que transitaremos por una crisis económica durante 2021.

4. **Producto ofrecido a través de vendedores o distribuidores.** Si consolidas un producto que pueda ser ofrecido a través de una fuerza de ventas, podrás comercializarlo en todo el país, respaldado por un equipo de ventas que puede multiplicar tu esfuerzo, y el crecimiento será mayor que el de aquellos productos que se vendan por ti personalmente. Si tienes mucha gente promoviendo o una red de distribuidores que vendan tu producto te permitirá crecer en todo el país y no sólo en una zona específica.

Segundo consejo: tipo de mercado en el que te quieres enfocar

Deberás iniciar tu negocio teniendo muy claro en qué área de mercado te vas a centrar. Eso significa que debes tener claridad en el tipo de producto, ya que éste también determinará el perfil de mercado en el que te vas a enfocar.

Las dos características más importantes a destacar en el mercado es saber si te orientarás a un nicho de mercado o a un mercado masivo.

1. **Nicho de mercado de lujo.** Los nichos de mercado de lujo generalmente promueven productos exclusivos, de alta calidad, de precio elevado. Están dirigidos a un perfil de consumidor al que no le importa pagar por tener lo mejor, ya sean relojes, carros, ropa, comida, restaurantes o cualquier característica del producto que le dé distinción y lo haga sentirse importante. Por ello, si te quieres dedicar a comercializar productos de alto valor, calidad y distinguidos, te enfocarás en un mercado élite. Para lograrlo tendrás que invertir mucho capital para ingresar en ese segmento, ya que estos consumidores son muy exigentes. Son pocos, pero pagan mucho; no son sensibles al precio sino a la calidad, la distinción y el estatus.

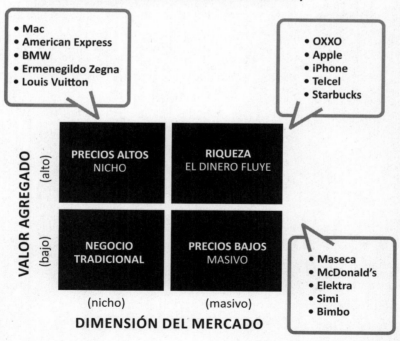

MERCADOS (GENERADOR DE RIQUEZA)

- Mac
- American Express
- BMW
- Ermenegildo Zegna
- Louis Vuitton

- OXXO
- Apple
- iPhone
- Telcel
- Starbucks

VALOR AGREGADO

(alto)

PRECIOS ALTOS
NICHO

RIQUEZA
EL DINERO FLUYE

(bajo)

NEGOCIO TRADICIONAL

PRECIOS BAJOS
MASIVO

- Maseca
- McDonald's
- Elektra
- Simi
- Bimbo

(nicho)   (masivo)

DIMENSIÓN DEL MERCADO

2. **Mercado masivo.** Significa que te vas a dirigir a un mercado de alta población de todos los niveles socioeconómicos. Aquí el consumidor es muy sensible al precio y buscará un producto genérico que sea económico y le dure mucho tiempo. No buscará la distinción o el estatus, sino que el producto sea útil y de calidad. Por ello aquí los precios serán competitivos y el cliente los verá como un elemento clave para tomar su decisión de compra.

Para aquellos que quieran iniciar un negocio es muy importante considerar estos dos consejos, de modo que tengan cierto nivel de certidumbre de que el producto y el mercado han sido bien seleccionados.

Epílogo

Debemos cambiar los lentes con que vemos la realidad

Como ya hemos comentado a lo largo del libro, debes entrenar tu mente para ver el futuro y para anticiparte a lo que viene; debes poner mucha atención. Estamos en un mundo VUCA de enorme incertidumbre, pero si a eso le sumas una desorientación personal, entonces será imposible que te anticipes a los eventos que te pueden afectar.

La mejor forma de predecir el futuro es creándolo, pero no desde la perspectiva de lo que conoces, sino desde lo desconocido, de aquello que no dominas aún, ya que la mayoría de nuestros pensamientos se alimentan de nuestras experiencias, de viejos recuerdos, porque la mente refleja todo lo que hemos aprendido antes. Al igual que una computadora, nuestro cerebro tiene un disco duro donde se almacenan todos los eventos que hemos experimentado hasta la fecha.

Cuando te enfrentas a un entorno complejo como el de hoy y tratas de resolver los problemas con tus viejas ideas, eso te causará un conflicto, ya que tu entorno actual no tiene antecedentes previos. Las experiencias de nuestra vida crean emociones. Si tú recuerdas un evento preciso de tu vida, ya sea el día que nació tu primer hijo, o el día de tu boda, es porque ese evento cambió tu vida. Podemos concluir que la mayoría de nuestras emociones y la forma de ver la vida vienen de eventos históricos, no de la situación presente. El presente sólo detona esos sentimientos del pasado y tú reaccionas. Entonces, para enfrentar la situación actual debes estar consciente de que tu pensamiento se tiene que pelear con tu pasado. Es por esto que hoy cada persona reacciona diferente ante la pandemia. La manera en que piensas y cómo te sientes hoy ante la situación que vivimos crea en ti una actitud, que en muchos casos no es muy positiva.

Espero que con este libro hayas almacenado información y consejos y tomes conciencia de las diversas acciones que puedes emprender al identificar los cambios radicales que tendrá nuestro trabajo, nuestras empresas y nuestra vida personal. Como la mente está alineada con los aprendizajes previos, al cambiar el entorno tan profundamente tu mente luchará contra una realidad de la que no tiene experiencia previa, y desearás que las cosas se parecieran a lo que conoces, algo que nunca sucederá. Por ello, para anticiparte al futuro tendrás que encauzar a tu mente a posicionarse en el nuevo mundo en que viviremos, para que construyas estrategias que te ayuden a resolver los problemas a los que te vas a enfrentar. Así pues, como expresé en un inicio, si quieres construir tu futuro tendrás que hacerlo sobre lo desconocido y no sobre lo conocido, ya que lo conocido, lo que dominas, no tiene parámetros para poder resolver algo nunca visto. Esa forma de pensar te puede llevar a un camino sin destino. La mayoría de las personas ve la realidad con lentes que están basados en algo inexistente y no en función del profundo cambio que está viviendo, pues no lo comprende a plenitud.

En el mundo actual se integraron dos cambios muy profundos: la pandemia y la tecnología. La primera disparó la implementación de la tecnología al limitar nuestro acercamiento social. El distanciamiento está siendo compensado por la tecnología, que coincidió con estar justo en el momento exacto de su evolución. Si logras cambiar y modificar las creencias de vida que arrastras de tu pasado, te será más fácil poder resolver los problemas que este mundo VUCA te está presentando.

Es comprensible que trates de sustentar cualquier estrategia o cambio en datos sólidos, de los que hoy no disponemos. Actualmente rige la incertidumbre. Entonces, debes crear tu futuro en función de lo que no sabes, a pesar de que esto haga más complejas las decisiones; además, el cambio en ti debe realizarse rápidamente y eso requiere de un nivel de energía enorme y un desgaste, porque debes aprender a vivir distinto y a cambiar tu percepción de la realidad.

Por todo lo anterior solicité a varios de mis amigos, colegas y clientes que compartieran cuál es su reflexión al vivir el cambio durante esta pandemia. Te comparto a continuación lo que ellos escribieron y lo que descubrieron durante este proceso con el propósito de que te sirva a ti también y puedas cambiar más rápido con la ayuda de mis amigos, que tan amablemente se abrieron a compartir su cambio y su nueva visión de la vida. Espero que estas reflexiones contribuyan a que logres esa transformación.

Reflexiones y aprendizajes

Ingeniero industrial, jubilado:

- En lo profesional creo que el *home office* llegó para quedarse. El desarrollo de plataformas virtuales está ahorrando muchos costos, sobre todo a los grandes corporativos y en la educación. Aunque no creo que ésa sea la solución para todos por igual.
- En lo social "la gente necesita de la gente", somos seres gregarios por naturaleza y permanecer encerrados y con poco contacto nos causa estrés. Actividades como la diversión y el ocio no pueden suprimirse.
- La pandemia dejó al descubierto que como sociedad nos hace falta mucha más educación para seguir reglas básicas y tener mayor disciplina y acatarlas.

Administrador en la industria del turismo, jubilado:

- Me he dado cuenta de lo importante que es la familia, las amistades, el poder verlas, abrazarlas, besarlas y compartir todo, y que lo material no vale tanto como eso.

Empresario en el área de servicio:

- Primero debemos ser agradecidos con lo que se tiene.
- El reto más grande es conectar a las personas con un propósito.
- La importancia de navegar en tiempos ambiguos, asegurando la continuidad del negocio, la familia y en lo personal, a pesar de la incertidumbre y el estrés.

Emprendedora, psicóloga, *coach*:

- Me doy cuenta de que todo puede cambiar en un instante y de que no podemos dar nada por hecho.
- Sé que soy más fuerte de lo que creía. Que amo mi soledad y que estoy bien conmigo misma si me mantengo en conexión con la energía superior y me cuido.
- Lo más valioso es lo más simple, como poder respirar libre.
- Frente al caos, lo fundamental es mantener la paz interna, eso es primordial.
- Debemos aceptar, soltar apegos a todo y a todos, viviendo el instante, sabiendo que todo cambia y que esto no será para siempre.

Empresaria en bienes raíces:

- Aprendí a soltar el control de mis manos, para vivir tranquila y alegrar mi existencia.
- Aprendí que nadie es imprescindible; hoy estoy, mañana no sabemos. Antes me sentía imprescindible; ni la naturaleza nos necesita; dejé de preocuparme de las cosas, problemas y pleitos intrascendentes.

- Empecé a preocuparme por mi verdadero yo, con meditación y fe, y me estoy conociendo, como una nueva persona que está aprendiendo el significado del amor, con toda honestidad.

Comerciante y redes de mercadeo:
- Para mí lo más relevante ha sido que hay que tener un plan *B* y hasta un *C*.
- Hay que invertir en la salud. Prevenir y usar suplementos para fortalecer el sistema inmune. Prevenir el contagio es muy difícil. Pero tener una buena respuesta en caso de contagio es clave.
- Vivir en un ambiente con mucha naturaleza es mucho mejor que las grandes urbes.

Consultor de empresas:
- Dar importancia al vínculo con otros. Somos seres relacionales, nos apoyamos y aprendemos.
- Se puede vivir con mucho menos de lo que podíamos imaginar antes. Es una maravilla caminar ligero en la vida, lo que de aquí nos llevaremos nada tiene que ver con lo material.
- Nada ni nadie está aislado, la vida es sistémica. Estamos ligados todos con todos. Es momento de decisiones, optar por ser parte de la solución o parte del problema.

Constructor:
- Toda la vida me suponía imbatible y que podía resolver cualquier problema con esfuerzo y trabajo, ahora me doy cuenta de que somos absolutamente vulnerables y que hay que actuar en consecuencia. Ahora soy más humilde, tomo las cosas con más calma y disfruto más el momento.
- Decidí deshacerme del estrés diario y de cualquier otra preocupación, ahora trabajo sin presiones, vivo más sano y feliz.

- Durante muchos años todos dependían de mí, ahora me doy cuenta de que cada uno de mis hijos labra su camino y que no dependen de nadie más. Vivo cada día como si fuera el último.

Psicóloga, *coach* de vida:
- Aprendí que la capacidad de adaptación es fundamental para sobrevivir en una crisis.
- Aprendí que en tiempos complejos es necesario haber trabajado en tener una plataforma sólida que permita atender demandas a corto y mediano plazos.
- Aprendí que es muy importante para la salud emocional y mental tener vínculos sólidos, sanos y verdaderos con la familia y amigos.

Ingeniero:
- Valorar la libertad absoluta sin restricciones.
- Valorar a las personas que te acompañan en este momento.
- Aprendí a valorar la vida.

Ejecutiva en recursos humanos:
- Mayor cercanía contigo mismo para mantenerte fuerte y seguro.
- La familia es lo primero.
- Es una oportunidad para reinventarnos.

Matrimonio de jubilados:
- Nos ha enseñado que para vivir felices y en familia no necesitamos nada más que alimentos, medicamentos y amor.
- Nos ha hecho ver que el ser humano es un ser sociable por naturaleza y el aislamiento nos ha afectado a todos.
- Ha servido tanto para unir a las familias como para separarlas.

Artista y entrenadora física:

- Aprendí que los humanos ante la adversidad son los causantes de que las cosas sean más difíciles para aquellos que están haciendo todo lo posible por ayudar a salvar vidas.
- Que los humanos comenten los mismos errores de siglos atrás.
- Que los momentos inesperados existen, que te tomarán por sorpresa y debes estar siempre bien preparado para imprevistos.

Joven ejecutivo en área agrícola:

- He comenzado proyectos personales que no habría tenido sin esto. He vivido más cerca de mi esposa e hijos y eso es maravilloso.
- El contacto físico es parte del ser humano y lo extraño. No he visto a mis padres desde marzo y mi cuñada y mis sobrinos se fueron a vivir a otro estado y no pudimos abrazarnos. Hay que demostrar los sentimientos.
- He confirmado que la vida es corta. Hay que aprovechar esta oportunidad de vivir.

Administradora de edificios:

- Me di cuenta de que para saber reaccionar ante los acontecimientos de la vida no depende de tu cultura sino de la responsabilidad con uno mismo.
- Me di cuenta de que no estamos tan unidos como presumimos, cada quien ve por sus propios intereses.

Empresario de la industria médica:

- Conocimos que tenemos una nueva capacidad de resiliencia. Hemos hecho posible lo que creíamos imposible.
- Aplicamos la capacidad disruptiva al crear nuevos negocios, derivados de las necesidades que han surgido.

- Estamos experimentando un crecimiento de la productividad al utilizar mejor el tiempo con comunicaciones directas y efectivas mediante nuevas tecnologías.

Empresario en publicidad y relaciones públicas:

Esta pandemia me ha dejado varios aprendizajes:

- Valorar y agradecer: principalmente los tiempos con mi esposa, mis hijos y mi familia. La salud personal y de todos mis familiares cercanos, como mis padres y hermanos. Contar con la solvencia económica para sufragar las necesidades básicas y un poco más.
- Confirmar: que no se requiere de mucho para ser feliz y de poco sirve hacer planes a futuro porque todo es incierto.
- Simplificar: la vida acelerada que llevaba desde el punto de vista laboral y personal, entendiendo que se tiene tiempo para hacer más cosas si uno cambia de hábitos y forma de pensar.

Ejecutiva, emprendedora y publicista:

La pandemia y yo:

- He decidido no mencionar su nombre para no darle más fuerza de la que tiene. Mi primera reacción al saber de ella fue de incredulidad, nunca vi sus alcances. Después del curso de esta terrible historia me han surgido muchas preguntas:
  ¿Qué enorme reto es éste para la humanidad?
  ¿Cuál es la lección que debemos aprender?
  ¿Por qué tuvimos que llegar a la muerte masiva y dolorosa de los seres humanos?
- Los sentimientos son encontrados, te da rabia pero a la vez una gran impotencia que llega hasta el miedo, y me pregunto: ¿Por qué tengo miedo de ese bicho? Así le llamo. Tener miedo de salir de tu casa, a que las personas se te acerquen, tener miedo cuando alguien estornuda, tener miedo a regresar rápido

a casa y bañarte urgentemente y desinfectarte. Vivir en la paranoia porque te duele la garganta, porque estornudaste, porque te duele la cabeza y siempre al final preguntarte: ¿Tendré el bicho?

- Obsesionarte con llevar en el celular una lista con todas las recetas, consejos, nombres de los medicamentos que te ayudan a combatir el bicho. Leer todos los días qué de nuevo hay contra el bicho. Emocionalmente tratar de ser más positiva que nunca, porque si te deprimes el bicho lo sabe y te invade. Buscar animar a todos los que te rodean y con los que mantienes comunicación.

Al final sigo con la misma pregunta: ¿Cuál es la lección de este gran reto para la humanidad? ¿La hay...?

Emprendedor en el área de instalaciones de redes y comunicación:
- Me di cuenta de que empresas que pensaban que tenían un negocio sólido hoy están endebles, al igual que las personas.
- Me doy cuenta de que la constancia es el mejor amigo del éxito.

Ejecutiva de administración pública, en etapa de retiro:
- Esta nueva normalidad me causa temor y angustia.
- Ahora sin un trabajo estable tendré que reinventarme y no sé qué camino tomar.
- Me siento con el compromiso de emprender una actividad que enriquezca cada momento de mi nueva vida después de la pandemia.

Deportista, entrenador físico:
- Me di cuenta de que la humanidad, al elegir una vida muy apresurada, nunca se preparó para una situación como la que estamos viviendo.

- Entendí que las necesidades básicas siguen de manera prioritaria, que tenemos que adaptarnos, ser más creativos ante el cambio inminente, que lejos de restar nos hará sumar, nos unirá y estaremos más cerca de los que están lejos.

- He tomado conciencia al comprender aquello que es lo realmente importante y aquellas cosas que no lo son. Que una enfermera es más valiosa que un futbolista estrella. Llegó el día en que se cumplió aquella nefasta promesa de un apocalipsis viral y las fronteras seguras fueron derribadas, pues descubrimos que un beso, un abrazo o un estornudo son más letales que una bala. La distancia y el encierro nos han llevado a la más profunda reflexión de nuestra vida.

Asesor financiero y de inversiones para corporaciones en forma independiente:

- Corroboré que los seres humanos somos adaptables en circunstancias especiales y con la persona correcta, como es mi caso: puedes sobrellevar situaciones difíciles y a la vez distintas a las que presuponías que estarían en tu futuro, sin importar lo peculiares que sean.

- Después de todo esto, ahora sé con quiénes voy a convivir más en el futuro. Ya sé quiénes suman y de quién me tengo que alejar. Esta pandemia me mostró el verdadero rostro de la amistad.

- Esta experiencia de la sana distancia y el encierro para no contagiar o contagiarse me demostró lo mucho que valoro y aprecio a mi familia. Este periodo destacó la importancia de tener una familia unida y solidaria. Mi futuro tendrá un mejor aprovechamiento cada día para la convivencia social con mi pareja, con la familia, así como con los amigos. Ellos son los que me acompañarán hasta el final de mis días.

Empresario, dueño de varias empresas:

- Lo primero que corroboré fue pensar en mi salud. Recordé lo que dicen las aeromozas cuando estás en un avión: "Si hay una pérdida de presión, primero póngase la máscara usted". Por eso tomé la decisión de cuidar mi salud primero, para poder ayudar a otros al estar sano. Corro cinco kilómetros tres veces por semana. Practico de 10 a 20 minutos de ejercicios de concentración de la respiración, porque ayuda al sistema inmunológico. Me aislé de mi oficina para evitar el contagio y trabajo desde casa con mis clientes y colaboradores. Ahora estoy más consciente de mi salud.

- Analicé qué iba a hacer con mis negocios, ya que las noticias eran muy negativas y el cierre de empresas era el tema. Comencé cambiando mi actitud, escuchando y viendo todas las mañanas videos sobre actitud positiva ante estos nuevos retos. Uno de ellos eran mis ventas. Decidí tomar un curso de marketing digital que aún continúo estudiando. También tomé un curso de administración financiera para tomar mejores decisiones. Aconsejo, sin importar tu negocio, que tomes uno de ellos. La vida se compone de la suma de las decisiones que tomas a diario. Hoy son tiempos de tomar decisiones en todas las áreas de nuestra vida.

- Reflexioné que era necesario tener confianza en la gente para que hiciera su trabajo sin yo estar presente, para tener más tiempo y trabajar desde casa. La mayor libertad de un empresario es poder lograr más tiempo libre. Esto significa tener la libertad de controlar tu propio tiempo. Ahora debemos pensar diferente acerca del tiempo. Ahora mis colaboradores están tomando decisiones operativas, mientras yo he realizado otros negocios desde casa, administrando mejor mi tiempo y mi desarrollo personal. La confianza es como el lubricante, reduce la fricción y crea condiciones más favorables.

Presidente y director general de compañía de autobuses de pasajeros:

- Me di cuenta de que el dinero que tengas no te da la salud en tu vida.
- Poder estar más tiempo y convivir es lo más preciado en la vida.
- Desde el punto de vista de las empresas, nos damos cuenta de que no estábamos siendo eficientes, se explotaban recursos de forma excesiva. Hay una Tierra que debemos cuidar para tener aire limpio. Para vivir no se necesita mucho, salvo no vivir para despreciar nuestro tiempo.

Emprendedor experto en sistemas y diseño de plataformas:

- Siempre hay oportunidades. Los restaurantes, plazas comerciales, cines, estadios, tienen graves problemas. ¡Pero el *e-commerce* creció en un trimestre lo que se planeaba para 10 años! Zoom, Meet, Teams, crecieron un 200%. La parte digital ha explotado, las herramientas, los cubrebocas de diseño (los cubrebocas serán las nuevas corbatas y eso hace posible vender un cubrebocas a mil pesos), etcétera.
- Debes crearte un buen margen, reforzar la necesidad de crearte un margen de colchón: seis meses de tus gastos. Mejor si puedes disponer de un capital para invertir (no me refiero a ahorros o para una inversión, sino dinero que puedes perder y que no te cree un problema financiero).

Gracias a todos por compartir...